Theodor Gartner

Die judicarische Mundart

Theodor Gartner

Die judicarische Mundart

ISBN/EAN: 9783743300941

Hergestellt in Europa, USA, Kanada, Australien, Japan

Cover: Foto ©ninafisch / pixelio.de

Manufactured and distributed by brebook publishing software (www.brebook.com)

Theodor Gartner

Die judicarische Mundart

DIE
JUDICARISCHE MUNDART.

VON

DR THEODOR GARTNER.

WIEN, 1882.
IN COMMISSION BEI CARL GEROLD'S SOHN
BUCHHÄNDLER DER KAIS. AKADEMIE DER WISSENSCHAFTEN.

Aus dem Jahrgange 1882 der Sitzungsberichte der phil.-hist. Classe der kais. Akademie
der Wissenschaften (C. Bd., II. Hft., S. 803) besonders abgedruckt

Druck von Adolf Holzhausen in Wien,
k. k. Hof- und Universitäts-Buchdrucker.

Man wird mir den etwas zu weiten Ausdruck ‚judicarisch' verzeihen, er ist zum Vortheile derer gewählt, welche nicht wissen, wo Pinzolo liegt (Ascoli nennt es irrthümlich Pinzano, Arch. glott. it. 313). Es ist dies eine der zu innerst gelegenen, also obersten und nördlichsten Dorfgemeinden im Rendenathale, einem Seitenthale Innerjudicariens im südwestlichen Theile Tirols. Ohne über die Unterschiede, die sich etwa innerhalb Judicariens oder weiter heraussen, gegen Riva und Trient, vorfinden, eine genaue Untersuchung angestellt zu haben, glaube ich behaupten zu dürfen, dass ihrer wenigstens in Innerjudicarien nicht nennenswerthe bestehen. Die vorliegende Beschreibung der Mundart von Pinzolo dürfte somit zur Kenntniss des Judicarischen ausreichen und in diesem Sinne obigen Titel verdienen. Meine Quellen sind folgende drei: 1. Ein kleines Manuscript, Saggio del dialetto di Pinzolo, Giambattista Lucchini (Pinzolo 1878), das der Verfasser für Herrn Prof. Böhmer geschrieben hatte und mir letzterer im Herbste 1879 auf meine Forschungsreise durch Rätien gütigst mitgab; 2. eigene Anhörung (Juli 1880 und October 1881); 3. der Briefwechsel mit dem genannten Herrn Lehrer Joh. B. Lucchini (aus Cunevo in Nonsberg), der manchen lexikalischen Beitrag lieferte und mit ungewöhnlichem Geschicke und dankenswerthem Eifer selbst in feinen lautlichen Dingen Bescheid gab. Die zweite Quelle wurde insoferne am ausgiebigsten benutzt, als kaum ein Dutzend Wörter in diesem Aufsatze vorgeführt werden, die ich nicht aus dem Munde Eingeborner gehört und darnach lautgemäss fixirt hätte;

anderseits wieder diene zur Beruhigung, dass Lucchini Wörtersammlung und Text vor dem Drucke gelesen und verbessert hat. (Man wird es nun auch entschuldigen, dass ich diesen Theil der Abhandlung italienisch abgefasst habe, damit jene wichtige Mitarbeit Lucchini's so fruchtbringend würde als nur möglich.) Die Bedeutung der Mundart dieses von städtischem und venedischem Einflusse fast am besten geschützten Ortes in Südtirol scheint mir darin zu liegen, dass sie auf die verwickelte Sprachgeschichte dieses Landes einiges Licht werfen wird. Ich selbst fühle mich jetzt für diese geschichtliche Untersuchung nicht genügend vorbereitet. Soll ich aber den Eindruck melden, den ich bei dieser Beschreibung empfunden habe, so muss ich sagen, dass mir Judicarien ein lombardisches Thal scheint, in das sich das Venedische seit Jahrhunderten eindrängt, und zwar nicht so sehr durch physische Mischung (dagegen spricht der Gesichtsausdruck und die lombardische Ruhe der Leute), als wegen der Vornehmheit des venedischen Dialektes; denn er nähert sich der Schriftsprache, und Prediger, Lehrer und Beamte mussten sich immer ihre Bildung in ganz oder halb venedischen Städten (Verona, Trient) holen. Die unbedeutenden Spuren rätoromanischen Einflusses könnten aus der ehemals rätischen Nachbarschaft (im Norden) stammen. (Es sei mir erlaubt, kurzweg rätisch ungefähr das Gebiet zu nennen, das Ascoli a. a. O. in §. 1, 3 und 5 behandelt.)

Zur Bezeichnung der Laute findet man die Zeichen angewandt, die Böhmer in seinen Rom. Studien (I, 295 ff.) aufgestellt hat. Einige Worte darüber werden dennoch erwünscht sein.

a in unbetonten Silben ist durchaus nicht rein, sondern nähert sich dem frz. ‚tonlosen' e — $á$ it. a — $ä$ und $\acute{a}$ nasales a (also nicht frz. an, das ja weiter gegen o liegt) — b tönendes b — d tönendes d — e und $\acute{e}$ geschlossenes e — $ę$ und $\acute{ę}$ offenes e — $\acute{e}$ geschlossenes nasales e (also nicht frz. in, da dieses offenes nasales e ist) — f — g tönendes g — i in unbetonter Silbe nicht immer ‚vollkommen articulirt' (Brücke) — $í$ it. (geschlossenes) i — $\tilde{i}$ und $\acute{i}$ nasales i — k unbehaucht — l — m — n — $ṇ$ velares (consonantisches) ng, wie es z. B. im dt. ‚enger' oder wie in venedischen und anderen Gegenden auslautendes n ($beṇ$ = bene) ausgesprochen wird — o und $ó$ geschlossenes o — $ǫ$ und $\acute{ǫ}$ offenes o — $œ$ und $\acute{œ}$ geschlossenes ü, wie im frz. peu (ein in Deutschtirol unbekannter Laut) — ǫ und ǫ́ offenes ö, wie im frz. peur oder im wienerischen e oder ö vor l (in Deutschtirol gleichfalls unbekannt) — ę̂ offenes nasales ö, wie im frz. un — p unbehaucht — r — s tosc. (dt., frz., slaw.) s, oder ven. zz in belezza — š tosc. sc vor i oder e, vulgärtosc. c in facile, dt. sch, frz. ch, tschech. š — t unbehaucht — u ohne Ton nicht immer ganz rein — ú tosc. (dt., slaw.) u, frz. ou — ũ nasales u — ν tönendes v — y tosc. j, frz. ill (railleur), tschech. j; also ny = tosc., frz. gn (mouillé) — ẏ ein zischendes, dem ž nahes j, oder ein in der I-Stellung hervorgebrachtes, dem j nahes ž, d. i. das, was übrig bleibt, wenn man vom tosc. g in argento oder vom tosc. gg in leggere d abzieht — z tosc., frz. s in rose, ven. ‚x' in xe (= est). frz., tschech. z — ž vulgärtosc. g in pagina, frz. j — r und ŕ geschlossenes u, frz. (piem., lomb.) u, wien. (nicht tirol.) i oder ü vor l, norddeutsch ü in langen Silben — ų̈ offenes ü, norddeutsch ü in kurzen Silben (z. B. dürr) — χ deutsches vorderes ch (Ich-Laut), wie es die Norddeutschen aussprechen (wobei dann wir Süddeutsche manchmal sch verstehen); es verhält sich ungefähr so zu it. ce, ci wie ẏ zu it. ge, gi. — Regelmässige Quantitätsunterschiede sind nicht zu hören. — Der Accent (´) bezeichnet die Tonstelle. — Zwischen zwei unmittelbar aufeinanderfolgenden Vocalen in einem Worte wird nie abgesetzt; ii vereinigen sich meist zu einem (nicht sehr langen) i. — Was zwischen eckigen Klammern [ ] steht, kann ausgesprochen aber auch weggelassen werden.

Wortschatz.

Wenn auch die mundartlichen Schriften und Wörterbücher von vielen Wörtern in mehr oder weniger verlässlicher Weise das Vorhandensein in einer Mundart darthun, so sagen sie doch fast nichts über das Fehlen irgendwelcher Wörter; daher könnte eine mit diesen Mitteln angestellte Untersuchung über den mundartlichen Charakter des Wortschatzes kein sicheres Resultat liefern. Ein solches würde übrigens nicht von grossem Werthe sein, denn der lexikalische Stoff charakterisirt Mundarten und Abarten nur in untergeordnetem Masse: die Wortgeographie weist vielerlei und mit den Dialektgrenzen durchaus nicht immer zusammenfallende Scheidelinien auf.

Von ganz fremden Sprachen hat unser Dialekt fast nichts aufgenommen; man braucht ja auch (wenigstens heutzutage) etwa drei Tage, um zu Fusse zu einem deutschen Orte zu kommen. Ich spreche nicht von den germanischen Lehnwörtern, die den romanischen Sprachen fast oder ganz gemeinsam sind; sie sind von mir wie lateinische behandelt, sie fügten sich auch den Lautgesetzen. (Vgl. *albę́rgu, bála, balár, baliŋ, bandunár, baŋk, báŋka, barę́la, biáŋk, bíra, blut, brœ, duvár, dÿardíŋ, falkę́t, fraŋk, frę́šk, fę́rbu, gáža, grinyár, griš, guadány, guadanyár, guarér, gę́ra, imbalá, kašabáŋk, lakę́t, láta, muscę́ta, rik, riguarér, rę́ba, rubár, ruštér, šála, škaiár, škaiarǿl, škaiúŋ, škárpa, škína, škinúŋ, špǿra, štála, štáŋga štı́a, taš, tirár, tǫ́la, tríga, trigár, tudia, tudǫ́šk, tukár, utúŋ, vardáda, vardár, zǫ́ka, žmarér, žmílsa.*) Mit nur wenigen Mundarten aber gemeinsam hat das Pinzolische folgende germanische Wörter: *bagár* (mhd. bâgen), *bágarli* („Wagerle‘), *báita* (vom bair. Vb. ‚beiten‘, mhd. bîten), *bę́ga* (ahd. bâge; *ę* statt *a* erinnert ans Engedein und an Greden; vgl. it. bega), *bría* (it. briglia), *draÿár* und *draχ* (dreschen?), *fríŋku* (Fink? flink?), *galifévar* (Gallfieber), *garbár* und *garbę́r* (gerben), *gę́da* (langobardisch gaida), *gę́rp* (herb), *magúŋ* (ahd. mago), *marlǫ́š* (mhd. malsloz), *plœf* (Pflug), *rányaš* (rheinisch), *sakandár* und *sę́kana* (zechen), *štχę́t* (mhd. sclëht), *tχukár* (ahd. klochon), *žgrifa* (mhd. grifen), *žlúšar* (Schlosser), *žmursarǿl, žmusarǿla* und *žmusirǿl* (Schmalz), *žnǫl* (Schnalle), *žvásiga* (Zwanziger).

Aus Griechenland kommen nur gemeinromanische Wörter: *blaštamár, búrša, butéga, iŋkulár, kǫ́la* u. a.; auch *karǿl* (ἄ.αρι) ist populär (z. B. im Münsterthale ‚cherra‘, nach Lombardin). Noch weiter her kommt *patáta* (amer.), *páškua* (hebr.) u. s. w.

Viele Wörter konnte ich nicht etymologisch bestimmen; ich habe dann Bücher, die von ihnen oder ähnlichen handeln, oder wenigstens Wörterbücher benachbarter Mundarten angezogen. Dennoch konnte ich bei etwa 60 Artikeln der Wörtersammlung gar nichts anführen, was auf die Abstammung hinwiese.

Die Entscheidung darüber, ob ein romanischer Bestandtheil echt (ostlombardisch) oder fremd, d. h. der Schriftsprache entnommen oder einem benachbarten Dialekte (meist dem venedischen) entlehnt ist, kann kaum anders als phonologisch gefällt werden; solche Versuche sind im folgenden Abschnitte gemacht.

Lautlehre.

Zur Erleichterung der Berufung auf die einzelnen Stücke dieser Abtheilung habe ich hier eine Paragraphenzählung eingeführt, und zwar (um den Leser nicht mit völlig neuen Zahlen zu behelligen) die bekannte Zählung Ascoli's (Arch. glott. it. I.) — so gut ich's verstand. Die Anhängung der zwei neuen Punkte 239 und 240 schien mir nützlich.

a) Betonte Vocale.

1   *A* in offener Silbe im Allgemeinen unversehrt: *-ál* (-alem), *šal*, *-ár* (-are), *-ár* (-arem), *far, kar, par, -ám* (-amen), *tχáma, kámara, -iŋ* und *-ána* (-anum, -anam), *kaŋ, maŋ, parᵢ, lána, fáva, kávra, tχaf, -á* und *-áda* (-atem, -atum, -atam), *pra, šta, naš,*
3 *kríža, brága, pága, lak, ákua*. — Umlaut wegen eines folgenden *i*: *-í* (-ati pl.), *-í* (-atis, 2. pl.), *prí* (prati); aber *ašá; éliu*. Kaum bedürfen der Erwähnung *alégru* und *gref* (s. auch *grayáir*). —
4 Gegen *o* wendet es sich nur bei der Contraction mit *u* (s. 68) und in zwei einzelnen Fällen: *kœf*, wo *œ* auf ein *ŏ* zurückweist, und *piǫna*, das sicher unecht ist, obschon das Wort auch in Bergell, Chiavenna, in Theilen des Nonsberges, in Cembra und
8 im Faschathale nicht mit lana reimt. — In Position verhält sich *A* ebenso: *kavál, ái, kar, karn, part, fláma, gimba, an, grant, andýjul, mánya, bany, kumpány, šant, gábia* (habeat), *šápia, gat, kuátru, baš, graš, taš, váka, braχ, glaχ, lat, fat*, mit Nasalirung
9 *-ása* (-antia). — In den Umlaut sind *fçχ* (facti), *trçχ* u. s. w. nur durch Analogie (3) mitgerissen; dagegen galt -rjum, -rja nur als schwache Position: *-ér, -éra, éra, dyéra*. Die Form -aerum statt -arium könnte den Wörtern *kavdéra, kuštéra, lijér, manéra, šintér, taiér, tuiéra, vulintéra, štaléra, fureštér, karnér, tχivéra, lavoréria* zu Grunde liegen, und ich wage nicht, alle für importirt zu erklären; in einer dritten Darstellung dieses Suffixes scheint *i* ausgefallen zu sein: *armár, danár, fugulár, škulár, -ára, talár*, obschon diese Ausnahmsfälle durch die Annahme einer Suffixverwechslung und die der Entlehnung aus
10 der Schriftsprache beseitigt werden können. — *AL + D* oder *T* gab *aud, aut*, später (als das alte lateinische *au* gewiss schon *ǫ* geworden war) *avd, aft: aft, kaft, kávda, šáfta*.

skávda, ífsa, íftru, máftru (234), daher auch *fafty*; *máltu* und *sǫma* sind Fremdwörter, von *diskúfs* unter dem Titel Wortbildung. *AL + S* nimmt nicht Theil: *falš* (vgl. aber *púfša, žbufšinár.*

18 *Ē* in offener Silbe geht oft bis zu *i*: *tíla, -iŋ* (-ēnum), *fiŗ* (fēnum), *pliŋ, viríŋ, kadína, vína, tyína, (sigula), fídu, sída, tri*; daher müssen unecht sein *apéna, dębit, dębul, kięt*. Vor *r* aber bleibt *e*: *-ér* (-ēre), *primavéra, séra, spéra, tyéra, véra*; so auch in *šef, kuarežima, munéda* und den sicher nicht ganz echten *kréda, sédar, pięf:* Ans Ende gerückt bekommt *ē* sogar offene Aussprache: *aźę, parę* (*parjētem), *rę* (rete), *pę* (pes) und *rę* (regem), im Plural umgelautet *re* (vgl. 3) und *pe* (pēdes); *mę* (me). Merkwürdige Fälle einer, ich möchte sagen imaginären Position: *trędaš, šędaš, pęχ* und *będul* (vgl. 40); *kręzar* erklärt sich aus der 1. Sing. *credjo. Suffixtausch: *kandęla, parantęla*; Einfluss des Vocals der flexionsbetonten Formen: *śávra*, vielleicht auch *fúmbla*, wenn man nämlich einen alten Plural auf *-*áŋ* voraussetzt, was mir wenigstens viel leichter fällt, als an die Verkehrung eines betonten *e* in *u* (wie Ascoli vorschlägt) zu glauben. An Spuren einer solchen Pluralbildung fehlt es ja auch auf lombardischem Boden nicht: so habe ich in Chiavenna den Plural *tozán* (Sing. *tóza* Mädchen) gehört.

22 *Ĕ* in offener Silbe rückt entsprechend nach, es erhält die geschlossene Aussprache: *mel, tχel, beny, veny* (venit), *téndru, févar, lévar, léva, pe* (pedes), *karéga, rédina, léda, médar, préda, indré, palpéra* (*palpétra), *léÿar, intrék, préga, śéga, deš.* In *tíviu* sehe ich wieder einen Umlaut (vgl. 3, 18); *tępit* ist fremd, wie *pręddiga* (vb.), *prędika* und *mędiku.* Für *šéra* ist -*rr*- anzunehmen. Durch Analogie mit flexionsbetonten Formen erklären sich *ristya* und *ržaga*; *siža* kommt wohl aus dem Etschthale (Azzolini: *cesa), parzif* (wegen des *z*) von Westen. Missverstanden
23 und verderbt sind *pędaršęm* und *vęnardí* (Nebenton). — Der Diphthong in *iér* ist vielleicht nur scheinbar (ad illum heri; *alyéri* u. s. hört man im Gebiete der Noce und des Avisios).

27 *Ě* in Position erweist sich als *e* in *vęndar, kręšar, kunyęšar* (Angleichung an *kręšar*), *blaštęma, avęs* *abiētium; vgl. *parjētem), *tęt*, und damit assoniren *pręšt, impręšta, zęka* und *šęnta* (neben *šénta*). Fremdes Aussehen haben *drit, furmínt* und die vielleicht auf Rechnung der Uebertragung von flexionsbetonten

Formen zu setzenden *diždrumíṡa* und *ṡumíṡa*. Vor *r* bleibt *ĕ* stehen: *ert, vérdȳar*. Lat. *ĕ* bleibt offen vor *r: tẹ́ra, pẹ́rdar, imvẹ́rn, vẹrm, malṡvlvẹ́rṡ* (vgl. wegen des Begriffes lomb. pervèrs gut, sovèrs ,turbato', gred. dlviárs brav), vor combinirtem *s: prẹ́ṡa, ṡprẹ́ṡ, ẹ́ṡar, fẹ́ṡta rẹ́ṡta, tẹ́ṡar (x), prẹ́vat*, vor *pt, ct, cl: ṡẹt, lẹt, pẹ́tan, ṡpẹx, vẹx*, vor *dj: mẹs, mẹ́za*, und in der fem. Endung *-ella: -ẹ́la*. Von dieser beliebten Form wird auch *ṡtẹ́la, kandẹ́la* und *parantẹ́la* erobert und das masc. *bẹl*. Denn die oxytone Endung lautet sonst *-él, fler* (234), *pel* (pellem). Das Verbum *krivalár* folgt dem Substantiv *krivél*. Geschlossen wird ferner *ĕ* ausgesprochen vor *n: -mént* (-mentum), *sent, kuntént, vénya, dyéndru*, vor *m: temp*, unter dem Einflusse eines folgenden *i, j: miṡtér, tẋiréža, tẋéža* (*ecclésia), *ṡe* (num.), *féra, méi* (melius). *vandȳẹ́lu* ist, wie viele Kanzelwörter, halb gelehrt; *kuaxár* hat die stammbetonten Formen *(kuáxa)* angesteckt; *péit* kommt in gleicher Gestalt und Bedeutung im Sulzbergischen vor, in gleicher Bedeutung und entsprechender (mit lectus übereinstimmender) Lautung in Bergell, in Chiavenna, vielleicht in der ganzen Lombardei vor, in Pinzolo ist es offenbar nicht zu
32 Hause. — *ENS* gilt *ès*, daher *miṡ, piṡ, tiṡ paiṡ; píža* Scheideform zu *píža* (pensat); *fräxéṡ* und *intéṡ* sind der Schriftsprache entnommen.
33   *Ī* in offener Silbe ist erhalten: *fil, -il* (-ilem), *lima, tẋimaṡ, -iŋ -ina* (-inum, -inam), *viŋ, fiŋ, ṡkrivar, ríva* (Scheideform *ría;* vgl. gred. ruò), *ri, -if -iva* (-ivum, -ivam), *vívar, -i -ída* (-ítum, -itam), *fadíga, dik diṡ* (dico, dicit), *ṡpíga, ariṡ*; aber vor *r: -ér* (-ire), *butér; dȳíru* ist fremd. Das Wort für ,ja' ist halb
34 Interjection, seine Form *ṡe* fällt daher nicht auf. — *frẹt* und *dẹ* (Plur. *de)* sind, wie überall, eigenthümlich.
36   *Ī* in offener Silbe verhält sich ungefähr wie *ē: di* (dies),
40 *ki* (quis), *-ia* (-ìa), *via* — *pil, pila, mina, ṡkina, dumíniga, bivar, liga, triga (difisil, líbru*, vielleicht auch *ṡü*, entstammen der Schriftsprache); *inṡẹ́ma* ist fremd. Vor *r* gibt es *e: per, vert*, aber auch in anderer Nachbarschaft: *nef, pévar, rixévar, véduf, védru, txeṡ, frégu, pléga, négru, péyru*. In den Auslaut versetzt erweitert es sich bis zu *ẹ: ṡẹ (dẹ* 34). Warum bleiben dies, quis, tres dennoch bei dem *i* oben? Vielleicht weil sie schon lange vocalisch auslauteten, als man noch sīde, dīgdo, acēdo, parēde, rēde, pēs, rēge sagte. Wie bei *ĕ* haben wir auch bei

7 Fälle imaginärer Position — man gestatte mir, bei diesem Ausdrucke zu bleiben —: mašǫ́da (miscitat), šumǫ́na (seminat), -ǫ́ja (-icat, it. -eggia), glandǫ́ny (*lendinem?), gumbǫ́t (cubitus).

41 Ī in Position: míla, badíl, impía, (bíra), kuíndaš, víntχar, štríndÿar, intíndÿar, grínya, siŋk, líŋgua (l?), škril, nuvís, griš, trišt, višta, fiš, dit, rik, kvníχ.

42 Ī in Position in der Regel ǫ: ǫl, šǫ́lva, zǫ́i, mǫ́i, famǫ́i -ia, tǫ́ia, šumǫ́ia, pǫ́na, tχǫ́ndru, lǫny, pǫny, šǫny, sǫp, štǫš, mǫ́tar, tǫ́ta, lǫ́tra, -ǫ́t -ǫ́ta (*-Ittum, -Ittam), -ǫ́sa (-Itia), kavǫ́sa, špǫš, mǫ́sa, tχǫ́šta, frǫšk, tudǫ́šk, mǫ́škul, pǫš, šǫk, štrǫt, rǫ́χa, šǫ́χa (-tl), ždǫ́gla, vǫ́gla und vǫ́ÿa (vigilat), -ǫ́χ (-Iejum oder -Ieulum), pǫχ (piceum); vor r: férmu, tχérka, tχérklu. Es weichen ab: kuíštχ (questi) wegen des i der Flexion, budinfiu (bot-infl-um), díntru und índaš, weil die Präposition „in" gern erkennbar bleibt, nísa, víÿar durch die flexionsbetonten Formen verleitet, panarís, tinyís infolge einer Verwechslung der Suffixe (vgl. nuvís); nicht rein mundartlich sind vília, sírka, si, ris, kun-šíliu, batézim, véskuf, ištéš, nęt, maę́štru, maravę́ia auch trę́nta (wegen der sonderbaren Erscheinung, dass sogar Cardinalzahlen verfälscht werden, vgl. die gred. Num. vor lira). Statt gibbus gilt *gobbus (gǫ́bu).

46 Ō in offener Silbe zu u zugespitzt: šul, kul, žgúla, num, pum, -úŋ (-ōnem), padrúŋ, bandúna, rúar, škúa, naú, kúa, -úš -úža (-ōsum, -ōsam), dúva, guš; nur vor r erhalten: -ór (-ōrem), óra, fiór, or, šorš. Von nǫ gilt das oben über še bemerkte (33), malǫ́ra kommt aus den Büchern (oder von aura?), auch nǫ́nu (nōnus) ist nicht volksthümlicher Herkunft (wie im bair. Dialekte schon das zweite num. ord.), trt endlich spottet auch in Pinzolo aller Erklärungsversuche (202).

50 Ō in offener Silbe erscheint nicht in diphthongischer Aussprache; offen ist es ausnahmsweise in fǫ (foris), bǫ (Plur. bœ), žgǫ́la, kǫ́lar (234), kǫ́lara (vgl. it.), ǫm (Plur. ǫ́many) und in
51 den Lehnwörtern šǫna (sonat), šǫn, kalǫ́niga; — zu u wird es vor Nasalen: buŋ búna, tuŋ, túna, súna (Scheideform zu šǫ́na), múnak, múnaga, štúmak, ferner in fúra (wegen furúr), amú
52 (weil oft proklitisch). — Sonst findet sich das aus altem uo entstandene œ ein: -ǿl -ǿla (-ōlum, -ōlam), mǿlu, šǿlu, škǿla, vǿl (vult), kœr, mœr (moritur), prǿva, ǿvra, drǿva, œf, nœf,

plǽvar (*plóvere), *brœ*, *róda*, *pœ* (potes), *fɑrk*, *dÿɑek*, *nigílɑ̌k*, *kɑek*, *kɑ́žar*, *rɑ́žu* (*vǣt* vuoto, aber *štravŕda* wegen *štruvrdár*); *banǫ́l* ist wohl fremd.

54 *O* in Position ist, wenn *ŏ*, meistens *ǫ*: *kǫl*, *kǫ́la*, *mǫl*, (*ǫ́iu*), *pǫr*, *pǫ́rta*, *kuatǫ́rdaš*, *dǫrm*, *mǫ́ršuga*, *kǫ́rda*, *štǫrt*, *fǫ́rbaš*, *ǫ́nyi*, *šǫny*, *šǫn*, *dǫ́na*, *dǫ́nula*, *kǫ́mut*, *zǫ́bia*, -*ǫ́t* -*ǫ́ta* (*-óttum, -óttam), *brǫš*, *ǫš*, *grǫš*, *dǫš*, *pǫš* (possum), *kǫ́sta*, *nǫš*, *dišpǫ́*, *tǫ́šak*, *kǫt*, *nǫt*, *vǫt*, *ǫχ*, *flǫ́ka*; *žmórsa* (*exmortiat) dem Inf. *žmursár* nachgemacht.

55 — Nicht als Position gilt die Stellung vor *lj*, *llj*: *vǽia*, *fǽia*, *žmǽia*; auch kommt es nicht zur Position bei: *iŋkoi*, *tœr* *tɑrk*

58 *tœ tœl*; *vš* (Dz. I. uscio); *mvš* (Dz. I. muso). — Aus *ŏ* wird *u*: *úla* (*ö*?), *krúmpa*, *munt*, *túža*, *ždÿunf*, *kúžar*, vor *r* aber *o*: *fórma*, *fórši*, *kort* f., *lintórn*, *ĺórna*, *tórla*, *órdan*; doch gehen auch einige *ŏ* denselben Weg: *punt*, *kúnta*, *škúndar*, *rišpúndar*.

59 *Ū* in offener Silbe: *mvl*, *kvl*, -*vm* (-umen), *fvm*, *brvma*, *fvm* (funem), *vny*, *dÿiÿvny*, *kvna* *nvgul*, *vva*, -*v́* -*v́da* (-ūtum, -ūtam), *tvva*, *palv́*, *mv́da*, *šv* *dÿv*, *pv*, dazu *prvm* (primum); *ū* in diesem Worte ist auf rätischem Boden heimisch: am Rhein (wo in solcher Stellung *ū* überhaupt gleich *ī* ist), am Inn (auch in Bergell), im Münsterthale, in Fascha, an der Gader und in Buchenstein geben primum und fumum einen Reim (aus der nunmehr verlorenen Ableitung primarius zu erklären). Vor *r*: *ṿra* (-ūra), *dvr*, *mvr*, *škvr*, *žgvra*, *dÿvra*. Ausnahmen: *róda* (Umdeutung?), *vída* (vgl. Dz. I. ajuto; nonsbg. aidár, ennebg. daidé), *rímaga* (durch die flexionsbetonten Formen beeinflusst), *šúvar* (fremd?), *úndaš* (frz. onze).

61 *Ū* in offener Silbe gibt *u*: *šum* (sumus), *dÿuf*, *dÿun*, *luf*, *indúa*, *kúa*, *údru*, *nuš*, *kruš*, vor *r* gestellt *o*: *šóra*. Den Uebergang von *ū* zu *ŏ* finden wir bei *nǽra*, *škǽdar*, *salamǽra* (vgl. it.); flexivische Bedürfnisse haben *dv*, *dǫ́i* (*dui, *duae*) erzeugt; *iŋgvra*, *nvmaru*, *kvniu* sind gelehrter Abkunft.

63 *Ū* in Position: *dÿvny*, *pvny*, *prš*, *bvta*, *agvs*, *špv́sa*, *dÿvšt*, *fvvt*, *švt*, -*v́χ* -*v́χa* (-ūculum, -ūculam), vor *r*: *fv́rbu*. Sollte *iŋkv́ža* = *incuculat sein? Die Laute *ž* und *ÿ* sind einander sehr ähnlich, *cl* kann *gl* werden, und über cncus s. Brix in seiner Note zu Plaut. Trin. 2, 1, 19 (Teubner 1873); vgl. auch Bresc. chigolù, enchigolàs (nach Melchiori).

64 *Ū* in Position ergibt dasselbe wie in offener Silbe: *búar*, *bulp*, *duls*, *púlpa*, *dintúftra*, *púlvar*, *šúlfar*, *šulk*, *rúmpar*, *plump*,

aftún, munt, funt, tunt, punt (gelehrte Scheideform *p'ntu*), *únta, šúndÿa, špúndÿar, múndÿar, úndÿar, úndÿa, šúpla, kup, šúta, blut, nigúta, pus, tuš, ruš, agúšt, múška, guχ, búka*, vor r: *orš, bórša, forn, fórka, kórar, kort, šort, órna, tórbul*, aber *štruš*, weil das *r* versetzt ist (s-thyrsus). Statt *ŭ* scheint *ŏ* zu Grunde zu liegen in -*ǫ́χ* (-úculum), *nǫ́si* (nozze), *kǫ́lm, ū* in *štɩ̥pa* (vgl. die benachbarten Artikel im Wörterverzeichnisse). Fremd klingt *díbiu*.

67   *A E* und *O E*: *fiŋ, tχína* (18), *tχel, parzíf, síža* (22), *prǫ́št, imprǫ́šta* (27) sind gehörigen Ortes angeführt; *diǫ́seži* ist ein Kanzelwort.

68   *A U* ergab vor Alters *o: ǫr, tǫr, rǫ́ba, gǫt* (gaudet), *lǫ́dula, kǫš kǫ́ža, pǫk*, auch altes secundäres *au: parǫ́la, pǫ́ra, ǫ́ka, kǫ, tχǫ, fǫ, flǫ́ra* (234), *grǫ́la;* dagegen griff man dann, als *l* vor den dentalen Stosslauten vocalisirt worden war, zu einem anderen Mittel sich des Diphthonges zu entledigen: *aft* u. s. w. (10), *diškúfs*, auch vor *s* manchmal: *žbufšinár*. Damals müssen *luvdár lúvda* und *pufšár púfša* entstanden sein. Ueber *kúa* (*cŏda) s. oben, *káuža* ist ein Bücherwort.

b) Unbetonte Vocale.

69   *A* ist (wie schon berichtet) in tonlosen Silben mehr oder weniger dumpf: *a* (ad), -*a* (-a), *galína, farína, kamíža, manyár, šavér, kadína, pagár, aží̥, kaštél*. Der Diphthong in *maitináda* weist auf fremden (westlichen) Ursprung des Kunstausdruckes (Bonvesin hat *maitin*, Bekker, Berl. Sitz.-Ber. 1851, G. 187).
70 — Vertiefung bis zu *u: pupá* (zwei Lippenlaute), *tupína (u = al*,
71 *au), utúŋ* (it.). — Uebergang in *i* (Angleichung): *dÿinį́r, vęχin-*
73 *tiná, aligría, liŋgį́r* (231) und *vižę́rgula*. — Es verschwindet bei *krumpár, šavrár,*

74   *E* bleibt selten *e*, nur in Fremdwörtern wie *arzentaría, diǫ́seži, dÿenitóri, fureštér* u. a., infolge etymologischen Bewusstseins in *tęrsǽl*, neben *i* in *de-i* (dei, degli) und, wenn ich nicht
75 irre, in *e* (et); — sonst geht es meistens in das dumpfe *a* über: *talarína, da l* (del), *par* (per), -*ar* (-ére), *kámara, marandér*,
76 *nai, šašánta, rašagár, trę́daš;* — oft in *i*, besonders vor *i, e, ę, v, ɩ̥* (Assimilation), und vor einem unmittelbar folgenden Vocale (Dissimilation): *viχíga, širíŋ, tirí̥ɩ, viríɩ̥, firívidu, midižína,*

tinyér, vinyér, implinér, tȥiréžu, pinél, špirél, silξšt, finξštra, fivrξr, dyiyëny, krišö (vgl. *krašúm), vindë* (vgl. *vandúm), mižξra* (oder gar *mržξra), šigξr, puriána, (úria), firiáda, griξr, puχ,* im Auslaute *-i* (-ae), *mári, pári, (pási)* und wohl auch sonst: *ištá, vęχintiná, špirár, dyinǫ́χ, liyúm* (legimus), *livá, di* (de, wenn nicht der Artikel folgt), *finǫ́χ, rédina.* — Nach der anderen Seite weicht *e* zuweilen aus, wenn ein Lippenlaut im Spiele ist: *grumbiál, duanár, dumandár, dumáŋ, guláṇa, šumanár, truviliŋ; ándyul* hat eine Verwechslung des Suffixes erlitten; *tχǫ́ndru* steht vereinzelt da (vgl. *pári, pévar*). — Das völlige Ausfallen ist am Wortende Regel, sobald dann der consonantische Auslaut keine Schwierigkeit bereitet, *láraš, órdan* u. s. w.; an anderen Stellen selten: *áftru, dyun, frξr, brivár, truviliŋ, štamána.*

I hält sich oft dann im unbetonten Stamme, wenn es durch die stammbetonten Formen unterstützt wird: *vivúm (vivar), minár (mína), finér (fiŋ), trifæi (tri),* oft wegen benachbarter ähnlicher Laute, wie *i, e, r, y̆, χ, z.* B. *dumíniga* (vgl. *mánaga), vižíŋ, intrék, vilë, mitë* (vgl. *matúm), dýŕdiš* (vgl. *láraš), kumunigár* (vgl. *muršagár), páyina, dyindyíva tχirklár,* unmittelbar neben Vocalen wie in *kaliξr, niál, bištiám, tíviu, šëžiu, zǫbia,* im Auslaute *škuáži, tárdi* (doch *indúa), vínti* (venedisch), im Anlaute zum Schutze der Präposition in und der Negation in- *dindy̨, indré* u. s. w. (s. Wörterverzeichniss; abfallen kann dieses *i,* aber entstellt wird es nicht, ausser etwa in *pašandumáŋ),* daher auch *imvξrn,* endlich in Lehnwörtern wie *mξdiku, ásit.* — Nur bis *e* geht es (neben einem *i*) in *šumeiár* und in *ke* (das aber nach Bedarf auch *ka, ku* gibt). — In den übrigen, nicht wenigen Fällen erhält *i* die dumpfe Aussprache *a*: *pξtan, tamúŋ, láraš, ánadra, palína* (trotz *píla), prξvat, žmantagár* (vgl. *žmantigúŋ), dadál, plagár, lanyám, mának, vayár* (trotz *y̆), tχarkár* (trotz *χ), ša* (si), *štamána* u. s. w. — Vereinzelt, durch Lippenlaute verschuldet: *induinár, šumeiár, štrál = štivál, rvár* (vgl. *rivár), brgatár (y);* vom etymologischen Bewusstsein getragen: *rξklayár.*
— Wegfall: *kaft, fúmbla, naštár, taštár, kridár, largá, šorš, kul* (so auch wenn es ohne Substantiv steht), *ǫ́ka, frξt* (99—109).

O ausnahmsweise erhalten in Fremdwörtern wie *šosištá, lavoréŕiu, proibér* und in *ǫnyŕny* (wegen *ǫ́nyi*). Auch *pǫ* bleibt selbst als ton- und fast werthlose Fragepartikel unverändert (vgl. das gred. -*pa,* das sich so fest ans Verbum schmiegt und,

85 wie ich jetzt einsehe, nichts anderes als unser *pǫ* ist). — Der regelmässige Vertreter des unbetonten *o* ist *u: purtár, vulér, kuntént, tužár, pudú, uštaría, amú, nu, núma* (non magis), *bufr, nuvis, fužina*, selten geht es weiter bis *v: dÿrgár, krnyá, krχár, vrdár*. Von besonderem Interesse ist das schlusshafte *o* (-um, d. i. -om, und -o); denn hier weicht unsere Mundart vom Lombardischen ab und nimmt manchmal venedischen Charakter an. Zunächst haben wir unterstützende *u* wie in *lávru, dÿinívru, férmu, déštru, áftru, ágru, díntru, kúntru, šǫ́ldu, négru, pégru, védru, ládru, taχádru* (239), *alégru, téndru, šémpru* (239), *albf́rgu, ff́rbu, ǫ́rbu, fríŋku, mérlu, šéžu, radáblu, rištχu*, sehr befremdend, wenn man damit *lévar, dorm* (dormit), *intrék, piš, šaŋk, kuištχ* (questi), *rúar, plump, lark, kaft* u. dgl. vergleicht; ferner finden wir *u* an *éliu, budínfiu, tiviu, šéžiu, mǫ́rbiu, níu, vandÿf́lu, káilu, ǫ́iu* im Gegensatze zu *rmit, úsit, martχ, nǫt, frǫt, pra, si, ái*, endlich *dádu, nǫ́nu, vágu* (bresc. vagh nach Melchiori, berg. vac nach Tiraboschi), *gǫ́bu, šábu* neben *nvt, kánaf, mának*. Wenn man aus diesen Reihen mit noch so grosser Strenge alle Fremdlinge ausscheidet, so erübrigen doch immerhin noch genug Zeugen dafür, dass die Mundart nicht rein ist, sondern bis ins Innerste von dem überall siegreichen Venedischen alterirt. Am lautesten spricht das *-u* in der 1. Sing. der regelmässigen Verben, es ist
86 wohl das unlombardischeste Merkmal dieser Mundart. — Zu *u* wird *o* sehr selten: *lévar, arlǫ́i, pašandumáŋ* (wenn dies von
88 post, nicht von passare kommt), *kúma*. — Ueber den seltenen Wegfall s. 178, 223.

89 *U* wird ausnahmsweise *i* in *dÿinívru, rimagár, vulintéra, šitíl, kariǫ́l;* auch *manyár, mās* (mansues), *kážar* gehören in gewissem Sinne hieher. Häufig findet sich *v: škvdf́lu, tχvžf́ra, trdurér, tvíŋ, štvpáir, lvgánaga, krníχ*, besonders in fremden wie *fvlminánt, kǫrpvždǫ́mini, kumvnigár* und dort, wo stammbetonte
90 Formen dazu einladen: *fvmár, špvdár, žgvrár* u. s. w. — In drei Fällen *a: radáblu* (in re- umgedeutet), *rúar* und *šúlfar*
91 (vgl. *lévar, pévar* etc.). — Oft bleibt *u* stehen: *pulmúŋ, -ul -ulu* (-ulum, -ulam), *furnél, kurtél, šurtíva, urtíga, rumpigúm* (rumpimus), *umbría, undÿí, muškúŋ, štružár* (trotz *štvéža), muχíny* (175,
92 176). — Es wird unterdrückt von -ulum, meistens wenn *c, g* vorausgeht, *mákla, ǫχ, úndÿa*, einmal nach *h tablá;* ferner oft unmittelbar vor einem anderen Vocale *mamvrǫ́t, mamévra, šaŋk*, s. 178.

93		*Au* wird verschieden behandelt: *u, inšurér* (Muss. Beitr. sorar), *rubár, purǫ́t, užél,* (*ugár* navigare); *agúšt,* (*ragái?*); (*šporér*); *luvdár; aftún.*

c) Consonanten.

95		*H* hat keine Spur hinterlassen: *am, albę́rgu, avér, éliu, ę́rba, iŋką́, imvę́rn, lášta, óra, ǫm, ǫrs, ǫrt, ǫ́št, unę́št; tragulár* enthält vielleicht ein zu *g* verdichtetes *h,* oder ein dem Verb facere nachgemachtes *c,* oder es ist *trabiculare. (Vgl. auch *gę́rp*).
96		*J* hat den alten Laut *dy* bewahrt: *dyinę́r, dyák, dyuf* u. s. w.; nur nach Vocalen wird der Stosslaut aufgegeben: *dyiyčny, lampayár* (*-ljare), im Auslaute muss das tönende *y* zu *χ* werden: *maχ, pǫχ.* Fremden Einfluss erkennt man in *zóbia* und *bázul.* Bei *vidár* adiutare scheint *i* keine consonantische Geltung bekommen zu haben.
97		Hiatus -.*J.* — *LJ* gibt in echten Wörtern ein *y* von so wenig consonantischer Kraft, dass ich vorgezogen habe (statt eines dritten *yj, i* zu schreiben: *fáia, (ýiu), trifái, méi, mǫ́i, váiu, piia, famǫ́i, taiár, šumeiár, impiár, škaiár; tǽia* u. s. w., noch kürzer *fiǽl,* (*ši*). — *LLJ* ebenso: *ái, mái, búiar, žmuiár, muiám* (es wird wohl an den Kinderschädel zu denken sein). Fremd: *vília, kunšília, kunšílyu* (Verbum), auch *vandyę́lu* (wie
99 it., frz.). — *RJ* verliert das *j*: *-ę́r -ę́ra* u. s. w. (s. 9), (*parę́*), *parǽl, féra, manarǫ́t, šalamǽra;* unecht sind also *purgatǫ́ri, similtę́riu, štǫ́ria,* auch *tχiriǽla,* dagegen kann das *c* in *firiála*
100 durch das Doppel-*R* gestützt sein. — *VJ* dürfte durch *dy,* nach Vocalen *ý,* richtig ins Pinzolische übersetzt sein: *liyér, grayár* (*graviare?); *zóbia* aber (wiewohl nach 96 unecht)
101 schliesst sich besser an 109 an. — *SJ* wird *ž,* im Auslaute *š: kamižu, bažár, artažáŋ* (*artensianum), *ráža, tχéža, tχiréža,* (*kú-*
102 *žar* 89), *griš; pušiúŋ,* weil -*ss-.* — *NJ* ist genau durch *ny* wiedergegeben: *tinyér, vinyér* und *kunyér, bany, dýrny, inšunyár, kalkány, kánya, pinyáta, arnyúŋ, brénya, grinyár, nya nyi nyačny; štravaniár* ist vielleicht -icare (vgl. *rimagár), kéniu* fremd. —
104 *MJ* ist umgangen in *blaštamár;* gehört *kandiár* daher?
105 *DJ* gibt *z,* im Auslaute *s: krǫ́zu, męs męza, ǫrs.* Auffallend, obwohl ganz naturgemäss, ist eine andere Entwicklung: *dý,* nach Vocalen *ý,* im Auslaute *(tχ) χ* wie in *dýv, víyu víχ* (*vidjo

107 vidjit). — *TJ* wird gewöhnlich *s:* -ợ̃sa (-itia), škợ́rsa, agĕ́s, vāsár, šésa, nisár, brọs u. s. w.; dieser Laut *s* entspricht auch deutschem z žmílsa, musợ́ta, žmusarợ́la, sḯksna (dagegen zợ́ksa), und it. z síŋgan, škapasár, mās (fem. māza; s. 133). Das Plural-*I* hat einen anderen Erfolg (s. Flexionslehre), und diesen finden wir auch in dināχ (vor tönenden Consonanten -ў̃, vgl. ināўdižnár), dessen tj in der That ans Ende gerückt ist wie das -ti des Plurals; vgl. aber vāsár und brọs, pus u. s. die unhistorische Behaltung des i deutet immer auf Unechtheit: grásia, nigusiár, kulasiúŋ, prợ́si, štásia u. s. w. *PTJ* haben
109 wir in káχa, (nọ́si); ražúŋ geht mit šažúŋ. — *BJ*: gábia (habeat), díbiu: avợ́s und rabér haben j abgeworfen. Für *PJ* ein Beispiel: šápia (sapiat).
111 *L* im Anlaute und sonst in ungefährlicher Gesellschaft unverändert: lak u. s. w., šal, tχel, fīl u. s. w. (über die Wirkung des Pluralzeichens unten), tíla, fidéla u. s. w., kavál, kavíl u. s. w., púlvar, kulp, šulk, auch duls, falš, pulš, aber žbufšinár, kafsợ́t, dintúftra, šfaftχáda, škuftár, vúfta, škavdǽr, aftár, s. 10 und 68; einfacher bany, prš, pužíŋ, škutĉm škudmái, tupína. Mit verwandten Lauten vertauscht: šarmántaga, fler (221), špợ́ra, vargút, arknánt, s. 221; muntúŋ (echt?) —
114 *PL* besteht fort in den echten Wörtern implantulár, implinér, plagár, plážar u. s. w., und in šẹ́mplis; plus erleichtert sich zu pr. Verdächtig sind daher piága, piánta, piếš, piợ́na. —
115 *BL* ebenso: nḯbla, šḯbla, šablúŋ, tablá, blastamár, blut; aber
116 biáŋk. — *FL* ebenso: fla, fladár u. s. w., verhärtet šuplár; dagegen fiáŋk (vgl. šflaŋkťyin), fiór, fiurér, fiuriŋ (vgl. šflurér).
117 — *CL* ist meistens in lomb.-ven. Weise behandelt: tχaf, tχamár, tχar, tχéža, šartχél, vintχél (wenn es vincul-ellum ist und nicht vinc-ellum), štχẹt, štχọr, tχọ, tχvžḯra, erweicht in ždỹunfár,
118 — nach Vocalen dỹinợ́χ, ọχ, piợ́χ, rợ́χa, sợ́χa, vẹχ (tl), špẹχ. kvníχ, glaviχợ́l, kuaχár (-rcl-), dann -cl-), duχár, guχ (ttl), gḯχa, kaúχ
120 u. s. w.; erweicht in iŋkvžár (63); aufgelöst in tandía. — Erhalten ist es selten: tχérklu, tχirklár, rợklaўár (vgl. rợ́χa), mákla, nyúkla (* agnucula?), mḯklu (neben mɩχ und mḯχa), erweicht
121 in glavádula, glaviχợ́l. — *GL* ist auch zuweilen bewahrt: glaχ, iŋglaχár, vaglúr (vgl. vaўár), ždợ́gla, etwas entartet grumišél, —
122 dagegen dў, nach Vocalen ў̃: úndўa, dўánda, dўợ́ra, vaўár; mɩžár (Umdeutung? vgl. iŋkvžár, 63).

123   *R* ist sehr beständig: *ram, rę, ri* u. s. w., *kar, kœr, murér* u. s. w., *mǽtar, fęr, pǫr* u. s. w., *mę́rlu, durmér, forn, ǫrbu, kǫrp, tχirvél, tχęrf, órdan, art, fǫ́rsa, orš, lark lárga, martχér* u. s. w. In wenigen Fällen hat es nicht Stand gehalten: im Auslaute in *fǫ, tχeš* (vgl. cece), vor *cl* in *kuaχár*
124 (aber *šartχél*), nach *st* in *ždǽgla* (aber *štręt* u. s. w.), — versetzt ist es in *dręvar, druvár, (frábika), krumpár, brivár, intrék,*
125 *karéga, préda* (s. ferner 234), — in *l* übergegangen in *alséra,*
126 *albę́rgu, árbul* (221); — öfter musste es weichen aus der Gruppe *RS: dǫš, mvš (?), šv, dy̨r,* lauter Fälle aber, die nicht auf Rechnung der Mundart zu setzen sind.

127   *V* wird oft nur in kaum hörbarer Stärke angeblasen, so regelmässig zwischen Vocalen, die nicht zusammenzufliessen drohen. Dies geht auch über die Wortgrenze hinaus, somit verlieren die mit *v* anlautenden Wörter diesen Consonanten, sobald das vorausgehende Wort mit einem Vocale endigt, der sich mit dem folgenden verträgt. Da dies Brauch geworden, konnte einerseits manches anlautende *v* verloren gehen, anderseits aber ein *v* ohne geschichtliche Berechtigung vor einen vocalischen Anlaut treten. So erklären sich *plǫ́var* neben *plǫ́ar, la vína* neben *la ína; víu* (vivo) aber *vivi* (vivis), *du íni* (duae venae) aber *tri víni; iú, užár, lipara;* [v]*ardınár, vargúta, vargę́ny,* [v]*érdyar,* [v]*ižę́rgula,* [v]*idáir,* [v]*ǫt.* [v]*rzár.* Verloren hat sich ein inlautendes *v* in *dy̨un, užél, ugár, aukát* (hier eigentlich *vv*; denn es liegt das it. Wort zu Grunde), *buę́r, pǫ́ra, umbría, induinár* u. s. w. — Zweierlei Entartung des *v* ist anzumerken: erstens in *b: bę́špa, bulp;* zweitens in *gu, g,* und da muss ich einmal Ascoli's Ordnung brechen, der, wie ich meine, die altindische Trennung des *v* von *b* und *p* nicht auf romanisches Gebiet hätte übertragen sollen. Es handelt sich um die wichtigen Wörter *guída* (vitem), *guíl* (223), *guaštár, guána* (223), *guš, gumitár* (nicht ganz echt), *žgulár, nígul (b), nígula (b), tá[g]u-*
130 *la (b), sígula (p),* in denen lat. v wie — germ. *W* behandelt ist: *guarér, guadanyár, guę́ra, tríga, trigár;* während anderseits germ. w lat. v gleichgehalten ist in *vardár, vardáda, tuáia.* —
131 Im Auslaut kann *v* nicht tönend bleiben: *tχaf, nęrf, tχęrf, nef, gref, vif, dy̨uf* (*juvum), *véduf* (*viduvum), *œf, kœf, nœf, kęrf;* es verschwindet in *bǫ* und *ri* (vgl. gred. ruf).

132 *F* kommt bekanntlich fast nur im Anlaute vor, und da ist es geblieben: *fafty, fláma, frẹt* u. s. w., *ždijunf, štẹf;* in anderer Stellung kann ich kein *f* mehr finden, wohl aber ꝑ, und dieses gilt so viel wie *p: špirél, blaštamár* (221), *tviŋ* (ämil. tufẹgn nach Biondelli), wie *f: šűlfar, šulfanél* (vgl. gred. solper).

133 *S* bleibt nicht rein; daher kann ich *parzif* nicht für echt halten, auch *mäs, máza* u. s. w. nur dann, wenn ich annehme, dass mansues in alter Zeit ein rhadiophonisches *t* bekommen habe (*mantsues, mantsium) oder (aus *mansies) in *mantio 134 o. dgl. verderbt worden sei. — Sonst herrscht die venedische Vergröberung, die, nach kleinen Fehlern und Inconsequenzen in Biondelli und anderen Büchern zu schliessen, weit ins lombardische Gebiet hineinzieht. (In Chiavenna habe ich das reine [tosc.] s gefunden.) Im Anlaute: *šal, šẹ, še* u. s. w., *rašagár, aší,* aber *ri̇̀žaga* (136), weil da das etymologische Bewusst136 sein verschwunden ist; — zwischen Vocalen: *káža, tẹvžẹra, ružáda* u. s. w. (warum *vi̇̀χiya* vescica?); *ss: baš, ọš, ẹ́šar, mašél* u. s. w., in anderen Verbindungen: *bẹ́špa, mọrš, dọš* (126), *falš, púfša* (*paussa), *kọrpẹzdọ́mini* u. s. w.; im Auslaute: *naš,* 137 *piš* u. s. w. — aber *pẹ, šẹ* (126), und so sind auch die flexivi138 schen *-s* in italienischer Weise abgeworfen. — *SC* mit gutt. *c: škrívar, múška, frẹ́šk, mọ́škul* u. s. w., vor *e, i,* aus *stχ* ver139 einfacht: *krọ́šar, mašadár, nášar, pọẹš. — SM* getrennt: *batéžim.* 140 — *STJ* erleichtert in *ṿš;* dagegen *bẹ́štia, bištiám, krištiáŋ.* — 141 *STR* wird nur in dem Pron. *nọš* (auch wenn es subst. ist) 142 so verkürzt; sonst ist — *ST* eine beliebte Gruppe: *štẹla, fẹ́šta, ištá, paštrọ́k* u. s. w.; erweicht: *ždẹ́gla; gáža* stimmt zu gred. *gátša.*

143 *Z* kommt nicht vor, denn *batajár* hat ein volksthümliches Suffix bekommen (40).

144 *N* bleibt unangetastet im Anlaute: *naš, nef, nọt* u. s. w., zwischen Vocalen: *kadína, lúna, minár* u. s. w. (*kulumía, kalọ́niga* 221) und nach *r: forn, lantẹ́rna, imvẹ́rn, turnár.* Im Auslaute aber hält es sich bei echten Wörtern nur nach *r,* oder wenn sie paroxytona sind: *ášan, pẹ́tan,* daher auch noch *dijun;* sonst aber wird es *ŋ,* wie in *kaŋ, maŋ, viŋ, buŋ* u. s. w. (*šọn* suono ist entlehnt), nach *e, ẹ, ṿ* regelmässig *ŋy,* wie in *beŋy, glandẹ́ŋy, ẹ́ŋy, dijiýẹ́ŋy,* in einem Falle *m: fẹm* (eine in Tirol bei diesem Worte allgemeine Abweichung); es wird abgeworfen

bei *nǫ, nu.* Vor *l* muss *n* weichen: *val, turlár; mn* s. 156. —
145.7 *NM* getrennt in *ánima*, assimilirt in *bummarká*. — *NR* muss
148 vermittelt werden: *tχǫ́ndru, téndru*. — *NS* ist längst seines *n*
entledigt: *piš, miš, tiš tiža, paiš, (intés), artažáṇ, kúžar, kužíṇ,*
149 *tužár, pižár, kuštár, mižı̣ra; vꭒl. pižár, mäs* (133). — *NF* ist
eine mögliche Combination: *infı̣rn, ždı̣junf, budínfiu;* dagegen
150 *imvı̣rn*. — *ND: kuindaš, vǫ́ndar* u. s. w., *grant, munt* u. s. w.;
151 *manyár*. — *NT: intrék, punt* u. s. w.; vor *j* und vor dem
Plural-*l* flüchtet sich *n* in den Vocal: *ása* (-antia), *lišǫ́l, pǻχa*
152 (panticem), *täχ* (tanti). — *NG, NC* duldet, wo *g, c* guttural
geblieben sind, kein dentales *n: baṇk, luṇk, štárga*, aber *punt,*
šant, untár, úndÿa, dalúχ u. s. w.
153   *M* hat sich erhalten: *maṇ, mᴄs, mı̣r* u. s. w., *fam, num,*
ǫm, kum, lım, vı̣rm, bríma, tχamár, fláma, gámba, temp u. s. w.;
154 — ausgefallen in unbetonten Endsilben: *næf* (novum; novem),
in Uebereinstimmung damit auch in *dÿa, šu* (sum). Vereinzelt:
155 *šaú*. — Zwischen *m* und einer zweiten Liquida tritt *b* ein bei
156 *fúmbla, (úmbri);* sonst ist — *MN* wie *nn*, d. i. *n*, behandelt:
dan, kundanár, dǫ́na, šǫn, šǫny, aftún u. s. w.
160   *C* vor *a* im Anlaute: *kaṇ, kar, kı́ža, kalár (ch)* u. s. w.;
162 erweicht in *gat, gámba, gámbar, gatár rigatár, gaúχ*. — An
163 anderen Stellen: *ǫ́ka, fórka, váka, búka, šakár, ríku, báṇka*, —
zwischen Vocalen erweicht: *pagár, rašagár, figá, furmiga, fur-*
migı̣r, lıgánaga, largá, diškargár u. s. w.; Wörter aber wie
166 *aukát, frábika, pradikár* u. s. w. zeigen fremden Einfluss. — *CO,*
CU im Anlaute: *kǫl, kort, kła, kœr, kıl* u. s. w.; erweicht: *gum-*
167 *bǫ́t, rigurdár, žgulár, žgırár;* — in anderer Stellung: *dik* (dico),
fœk, lak, nigilǽk, baṇk u. s. w., *šak, šǫk;* zwischen Vocalen
aguǫ́i, bágula, fugulár, šigı̣r, vágu, nigı́ny, kágula, dennoch
bakǫ́ta, páruku (fremd). Wegfall: *šaú, še* (sic), *la* (illac), *grǫ́la,*
168 *kariǽl*. — -*ICUM* hat keine regelmässige Wiedergabe: *furmái,*
169 *viáχ, kuráÿu, (škǫ́rsa)*. — *CE, CI* im Anlaute *tχ: tχel, tχína,*
tχǫ́ndru u. s. w., aber *la χína* u. s. w.; *s* muss den Verdacht
venedischer Herkunft oder doch venedischer Entstellung er-
170 regen: *sédar, sᴄrt, silǫ́št, sirǫ́t* u. s. w. — Im Inlaute nur nach
Consonanten *tχ: purtχél, faftχ, kaftχínya, martχér, víntχar*, nach
Vocalen *ž* oder, in den Auslaut gerückt, *š: ažǫ́, užél, vižíṇ, diždǫ́t,*
vižı̣rgula, šéžiu, kužína, fužína, deš, diš (dicit), *guš* (vgl. užár),
kruš, tχeš, ariš, pvš, šorš, láraš u. s. w.; *s* ist fremd: *pási, fásil,*

2

dȳvdísiu, *duls*, *disḗmbar*, *šošietá* u. s. w.; *kafsǫ́t* von *caltium (wie it., gred. u. s. w.). *CJ* gibt (nach Vocalen) χ: *glaχ*, *braχ*,
171 *áχa*, *aχál*, *pǫχ*, *salǫ́χa* (oder -icula?) und andere. — *mišér* scheint eine Verquickung von socer und senior zu sein. —
172 *CT*: *lat*, *lęt*, (*péit*), *drit*, *štt*, *nǫt*, *tǫ́t*, (*væt?*), *pitırár* u. s. w. —
173 *CR* im Anlaute *krína*, *krǫ́šar*, *krǫ́zar*, *kruš*; erweicht in *graš*, *grǫ́šta* und im Inlaute: *ágru*, *lágrima*, *mágru*.
174 *X* gibt *š*: *šašánta*, *tǫ́šak*, *šalašár*, *ašíl*, *dę́štru*, *diš- diž- š- ž-* (ex- deex-; dis-?), *inšurḗri ę́štra*, *frášan*, *lišíva*, *šaš*, *taš*, *šúndȳa*, *taštár*, *tę́šar*, *mašę́la*; abgeworfen: *še* (sex).
175 *Qu* bewahrt sein *u* in *ákua*, *ákuila*, *arkuánt*, *kuadrél*, *kuátru*, *kuatǫ́rdaš*, *kuíndaš*, *kul*, *kušt kuíštχ*, *škuašakúa*, *škuáži*
176, 8 — mit Erweichung *gualíf*. — Verlust des *u*: *šiŋk*, *ki*, *kúma*, *kridár*, *kǿžar*, *kię́t*; vgl. damit auch *ki* (eccum hic), *káilu*, *škilát* (234).
181 *G* vor *a*: *gal*, (*gat*, *gámba*), *ligár*, *nagár*, *rimagár*, *švgár*, *ugár*, *fadíga*, *kaštigár*, *štáŋga*, *žlargár*, *žluŋgár*; Erhärtung: *špórka* (wegen *špork?*); Wegfall: *grię́r*, *kalię́r* (also vor *ę*).
183 *dȳardíŋ* ist so unitalienisch wie giardino. — *GO, GU*: *agúšt*, wie nach *au* überhaupt die Consonanten fester sind (vgl. *púfša*,
184 *rǫ́ba*); sonst fällt *g* aus: *fǫ*, *flǫ́ra* (234). — *dȳuf*, *v* statt *g*, wie
185/6 weit und breit umher. — *GUA* in *liŋgua*. — Auslautend kann
188 es nicht mehr tönen: *kaštik*, *šaŋk*, *luŋk*, *lark*, *špork*. — *GE, GI*, im Allgemeinen *dȳ*: *dȳinǫ́χ*, *dȳę́rlu*, *dȳindȳíva*, *dȳéndru*, (*dȳirár*), aber *la ȳindȳíva* u. s. w.; in *gandáša* liegt eine alte Vocalverwechslung vor. Nach Consonanten auch im Inlaute *dȳ*: *ándȳul*, *úndȳar*, *intíndȳar*, *plándȳar*, *vérdȳar* u. s. w.; *luŋgǫ́ša*, *largę́ša* wollten so verständlich bleiben; *z* lässt Unechtheit vermuthen:
189 *arzént*, *vę́rzar*. — Nach Vocalen fällt der Stosslaut weg: *léȳar*, *páȳina*, *imáȳin*; daher auch *dalúχ* (χ für *ȳ* im Auslaute, wie
190 *k* für *g*, *š* für *ž* etc.). — Schwund: *dę́*, *frǫ́t*, *vínti*, *mái ma núma*, *rę*, *paíš*, *dadál*, *arlǫ́i*, *vília*, *šaíǫ́t* (das übrigens besser
191 zu salire passen würde). — *GR* bleibt in *grant*, (*graš*), *négru*,
192 *pégru*; *intrék* (124). — *GN* ist soviel wie *nȳ*: *anȳél*, *lǫ́nȳ*, *lanȳám*, *pǫ́nȳ*, *piny*, *šǫ́nȳ*, *kunȳǫ́šar*, *kınȳá*, *štany* adj. (wegen der Bedeutung vgl. berg. stagn nach Tiraboschi, gred. stany, ümil. stagn nach Galvani), *štany* (Zinn *stagnum); dagegen *dištandr* (de-stagnare; vgl. destagnà bei Tiraboschi) und *tandr-ši* (Tir. tanks, Biondelli tanàs), wenn es etwa aus dem

entstellten und daher missverstandenen *distanár* wie ein vermeintliches Positivum abgezogen ist.

193 *T* ist hart geblieben im Anlaute: *tamúŋ*, *tœr*, *tri* u. s. w., *dapartít*, nach Consonanten: *aft*, *škutím* (aber bei *škudmái* hielt es nicht mehr stand), *purtár*, *dent* (aber der Plur. **denty* verblasst zu *dẽχ*) u. s. w., *mę́tar*, *gat*, *trišt*, *naštár* (worin die Auswerfung des *i* uralt sein muss), *nǫt* u. s. w., endlich in besonderen Fällen: *-tá* (-tatem; vgl. frz. -té) und *malatía* (vgl. tosc.), lauter Fälle, in denen (wie in 188) ein Laut einem Suffixe für Abstracta zuliebe fortbesteht; im Auslaut ohne consonantische Stütze bei *kiẹ́t*, *mɩt*, *šit*, *šalút*, *lit*, *ɩ́mit*, *aukát* von denen vielleicht keines ganz volksthümlich ist (wiewohl z. B. **lœk* wie in anderen lombardischen Gegenden durch *šit* ganz verdrängt ist); zwischen Vocalen bei *butéga* (ist da nicht eine alte Umdeutung, eine Beziehung auf bottiglia anzunehmen?), *butér* (wegen *but?*), *mɩt* *míta*, *tɩt* *tóta* (vgl. 202), bei *gumitár*, *djeni-*
196 *tóri*, *palátu*, *útil* und ähnlichen Bücherwörtern. — Tönend ist es geworden (assimilirt hat es sich) im Allgemeinen zwischen Vocalen: *róda*, *-úda* (-ata), *vidél*, *bę́dul*, *kadína*, *fadíga*, *fída*, *šída*, *guida*, *kudɩ́r*, *ladám*, *špɩdár*, *pudér*, *tɩdurér*, *fladár*, *šidá*, daher auch in festen Zusammensetzungen wie *budínfiu*, *diždǫ́t* (decem et octo; dieses *d* ist vom adriatischen Meere bis über den Julierpass hin verbreitet); *fitalíŋ* kann *fictatinum sein
197 (wie gred.), aber auch -alinum oder -arinum. — Ganz verstummt im Auslaute (nach Vocalen): *-á* *-ẹ́* *-i* *-ú* (-atem, -atum, -ētum u. s. w.), *pra*, (*dádu* ist fremd), *naú*, *rẹ*, *kǫ*, *e*, *u*, *-a* (3 sg.), selten im Inlaute zwischen Vocalen *paér*, *pariána*, *tɩdr*, *viulíŋ*;
200 *špála*. *TL* s. 117 ff. — *TR* zwischen Vocalen steigt oft nur bis zu *dr* herab: *ládru*, *ánadra*, *padrúŋ*, *údru*, *védru*, manchmal verschwindet auch das *d*; *mári*, *pári*, (*karéga* 203).
202 *D* besteht fort in *dar*, *dẹ*, *di*, *dɩ* u. s. w., *árdar*, *vérda*, *vę́ndar* u. s. w., *šɩdár*, *gudér*, *véduf*, *nɩ́da* u. s. w., *šidrá*. Im Auslaute muss es (wenn durch einen Consonanten geschützt) erstarren: *šort*, *vert*, *kuánt*, so auch bei *kǫ́mut* und *nɩt* (das doch nur zufällig mit *mɩt*, *tɩt*, *brɩt* reimt; oder sollte ū diese Gewalt auf die Dentalis haben? Das Alemanische würde eine sehr ähnliche Erscheinung als Beispiel liefern: brutt, krutt aus
203 mhd. brût, krût). — Sonst verschwindet *d* im Auslaute: *palé*, *brœ*, *amú*, *a*, und im Inlaute: *kúa*, *aríš*, *piẹ́χ*, *míula*, *níu*, *niál*,

-iu (-Idum); kuaréžima, karéga (eine weit verbreitete, wohl sehr alte Verderbung des griechischen Wortes). Wegen kruf, krŭva s. 228, 127, 238.

209 **P** erhält sich im Anlaute: paŋ, plaŋ, pra u. s. w., apḟ, apéna, nach Consonanten: púlpa, kǫrp, temp, sǫp, bḟšpa u. s. w., und in einigen zum Theile verdächtigen Fällen: pupá (Reduplication), pápa (fremd), apǫ́stul (wie frz.: dachte man an ad-positum?), škapasár, lápiš, kapudán, dišiparár (vgl. šavrár) 210 u. s. w.; erweicht in brŭnya und žbufšindr. — Bis zu **v** erleichtert im Inlaute: kavíl, šavér, kavadiŋ, vágu (223), lévar, pévar, ráva, tíviu (vgl. tḟpit), dręvar, ǽvra, avríl, dyinívru, kávra, šavrár; ganz verflüchtigt: naú, rvár (vgl. rivár), duanár, gaťχ (von caput; vgl. ‚Kopfkohl'), škúa, šóra, purǫ́t, kuartár, kuaχár; 211 sígula s. 127. — Im Auslaute **f**: kánaf, luf, véškuf, (parzíf); 212/3 ausgefallen in kǫ. — **PS:** štǫš, (ištéš), kašḟla, kašḟta. — **PT:** šęt, šatánta, škrit, rut, gatár, katif.

214 **B** unversehrt im Anlaute: bǫ, blut, brǫs u. s. w., badíl (batillum, nicht vat.), kašabáŋk, durch **r** geschützt: karbúŋ, tórbul, durch Gemination: gǫ́ba, šábu; Bücherwort: libru. Zu 215 **p** erhärtet: plump, kulúmp. — Zwischen Vocalen wird es **v** oder fällt ganz aus: avér, bívar, févar, imvęrn, kavál, duvár (bb doch nicht!), vāsár u. s. w., auch fivrḟr, lávru, tχirvél, pręvat; diául, parǫ́la, pruár, šaú, rúar u. s. w. Ueber die schwankende Geltung des **v** ist schon gesprochen worden (127); s. 129; rǫ́ba, rubár behält **b** (vgl. 183), ebenso einige Lehnwörter wie ubidér, proibér, 216/7 dębul, utúbar und andere. — Im Auslaute nach Vocalen **f**: traf, šef, bif (bibe). — **BT:** šúta, šitíl.

d) Die Lauterscheinungen, allgemein und genetisch aufgefasst.

218 Die Bedeutung der Tonstelle für die Entwickelung des Vocales erhellt aus dem Vergleiche der Punkte 1—68 mit 69—93. Manchmal richtet sich der betonte Vocal nach der Form, die er hat, wenn der Ton auf die Endung versetzt wird, oder umgekehrt: šavrár (18), fúmbla (18), rištχa (22), ržaga (22), dižrumisár (27), šumísa (27), kuaχár (27), nisár (42), víyar (42), rimagár (59), luvdár (68), s. auch 79 und 89.

219 Lautangleichung ist ein grosser Theil der oben besprochenen Lauterscheinungen; einer Zusammenstellung sind vielleicht diejenigen Fälle werth, in denen Vocal an Vocal angeglichen ist: *á* an folgendes *i* (3, 9), *á* an folgendes *u* (68), verschiedene Plurale (s. Flexionslehre), *díbiu?* (64), *u* an *i* *(krti* quelli), *a*, *e* an *i*, *e*, *v* (s. 71, 76, 79), Formangleichungen sind die unter 218 genannten Unregelmässigkeiten und die in
220 der Flexionslehre abgehandelten analogischen Fälle. — Wortangleichungen: *šarmántaga* an *mantagána*, vielleicht *paštrǫ́k* an *paχarǫ́k*, ferner manche Umdeutung.
221 Dissimilation: *l* wird *r* wegen eines folgenden *l* in *kurtél*, *škarpél*, wegen eines vorausgehenden *l* in *fler* (vgl. frel im Gaderthale); *(zǫ́i* nach Diez); *r* wird *l* nach *r* in *árbul* (oder Suffix *-ul?*), verschwindet in *krivél*, *truvilíŋ; n* wird *l* vor *n* in *kalǫ́niga* (50), wird *r* in *viríŋ*, wird *l* vor *m* in *kulumía; ў* verschwindet vor *ў* in *diyǘny, diyvnár* (neben *dyi.*); *p* wird *t* nach *b* in *blaštamár; ž* wird *r* vor *š* in *dirišęt* (in Chiavenna *dęrtsęt*).
223 Aphäresc *a-*: *bandunár*, *štę́la* (*štína?*), *butéga*, *duvár*, *duχár*, *gáža*, *gulána*, *grs*, *gršár*, *[g]úχa*, *[g]vχár*, *karǫ́l*, *lǫ́dula*, *nyúkla?*, *ránγul*, *šidá*, *šúndўa*, *väsár*, *väsarǫ́t; ha-: rę́la; ab-: šésa*, *škúndar; ae-: gualif*, *ram*, *štimár*, *štvál; e-: kušt kul iŋkǽ* (in eccum hodie), *ris*, *š- ž-*, *štra-*, *švgár švt*, *vandўę́lu*, *véškuf; oe-: kulumía; i-: la inlá*, *nisár*, *nyuránt*, *štu aštóra*, *štǫ́š*, *taliáŋ; hi-: rúndula*, *štǫ́ria; in-: štrvmént; o-: guil* (127), *vágu; ob-: škγr; um-: bígul; l-: urél?, utúŋ, vižęrgula; ra-?: kuntár; re-: štaléra* (Umdeutung?); *ro-: tunt; n-: ugár* (nav'gare); *bom-: bvgatár; pa-: pávar; pro-: funt; (t-: rǫ́ia?); se-: štęr.*
224 Ausfall eines Vocales: *ert, indré, lvndí, ǽvra* u. s. w. (73,
226 78, 83, 99—109, 178); — eines Consonanten: *kunyér* (convenire), *šav́*, *kužíŋ*, *mardí*, *mištér*, *šalás*, *šantár*, *šiór*, *škilát* (* scuirulattum), *pǫ́ra*, *ǫšt* u. s. w.
228 Epenthese: *févar*, *nuę́mbar* u. s. w., *páškua, batéžim; gámbar, grumbiál, splúma, aškǫ́rdyar, krǘva* (cruda) u. s. w.
229 Vorschlag eines *l* (des Artikels): *lášta, lípara;* eines *v*: *vargúta* u. s. w. (127); eines *g: glandǫ́ŋy* (Ascolis' Erklärung a. a. O. S. 515 passt für diesen und andere Dialekte nicht; vgl. ennebg. dléne, abt. dláne); eines *š: štruš* und andere (doch kann oft ex gemeint sein).

230   Radiophonische Einschiebung: *fúmbla, txǫ́ndru, dyéndru,*
231 *téndru, (mās* 133). — Nasale Einschiebung: *gumbǫ́t, imbriák, (la mantagána?), imvǫ́rn; réndar; iŋgtrár* (Umdeutung auf *in?), liŋgǫ́r* (vgl. Tiraboschi ligùr, Biondelli lingöri, Boerio languro; auf rätischem Boden habe ich bei diesem Worte nur im Oberengedein ein *n* eingeschoben gefunden).

234   Versetzung: *iu* zu *ui* in *škilát; tl* zu *lt (nt)* in *muntúŋ; rtl* zu *ltr* in *máftru; r-l* zu *l-r* in *frǫ́la, kǫ́lar; l-c* zu *c-l* in *bígul; c-fl* zu *cl-f* in *ždýunfár; r+*Voc. Cons. zu Voc.+*r* Cons. in *arbašár, ardɩndr, arnyúŋ, ariš(?), parzíf;* Cons. Voc.+*r* zu Cons. *r+*Voc. in *diždrumìsdr, furmínt, štranɩdár, štruš* (229); Voc. Cons. +*r* zu *r+*Voc. Cons., dieser Fall ist unter 124 gestellt.

238   Vergröberung: *krɩf krɩ́va, dýuf, luvdár lúvda, púfša, nyi, ǫ́nyi* (flexivisch?), s. ferner 10, 68, 127, 130, 131, 134, 136,
239 181, 186, 202, 214, 216. — Epithese, eine bei lombardischen (und rätischen) Dialekten im Allgemeinen durchaus charakterwidrige Erscheinung: *tašádru* (*texator), *šémpru* (semper).

240   Tonversetzung: *miula* (Suffix -ula), *šfúdiga* (wenn es etwa von fatigare kommt), *id* (wegen *inlá?), glandǫ́ny, gumbǫ́t, mašǫ́da, šumǫ́na* (40), *pǫdaršǫ́m, pǫ́ra, -ǫ́ya* (-icat 96), *bígul, dýindyíva* (Suffix -īva), *lišia, mɩinya* (-icat für -īcat), *párla, pupá, dǫp, alégru, škumìsa, -æl -átla* (-eōlum), *ert, vérdyar, aškǫ́rdyar, palpéra,* von denen wenigstens die letzten wegfallen, wenn man vom Bücherlatein absieht (was die romanische Linguistik noch nicht zu thun pflegt).

Flexion.

I. Verbum.

Die unten beigegebenen Conjugationstabellen lehren auf den ersten Blick, wie sehr die alte Mannigfaltigkeit der Conjugationen beschränkt ist; hiezu haben gewiss nicht wenig zwei phonetische Zufälligkeiten beigetragen, nämlich die Neigung, das lateinische ĕ bis zum i hin zu verengen und die Herabstimmung des i vor r bis e, wodurch denn die lateinischen Conjugationen, die wir mit 2, 3 und 4 zu bezeichnen gewohnt sind, in allen persönlichen Formen bis zur Gleichheit aneinander gerückt und sogar im Inf. die 4. Conjugation (also IVa und die bekannte romanische, mit dem alten Incohativsuffixe -isc- gebildete Art IVb) der 2. angeglichen wurde, während von der anderen Seite (theilweise vielleicht eben wegen dieser Verwischung) einige Verba der 3. (oder doch dieser Conjugation einverleibte Verba) ein Part. auf -ītus bilden: *kórar, kúžar, plǽvar; búiar, mǽvar*. In den vom Inf. abgeleiteten Formen ist in der II. und in der III. der Gebrauch nicht ganz fest: *gudará gudirá, parará parirá, škudará škudirá, buiará buirá, pluvará pluirá*.

Unter den Tempora und Modi fehlt das einfache Perf., das Ger. und das Part. Präs. Im Cond. finden wir die venedische, auch in einigen lombardischen Gegenden beliebte Endung -ría. Der Conj. Impf. zeigt für alle Conjugationen gemeinschaftlich die Form -īssem — eine Vereinfachung, die in Venetien gar nicht versucht, in einigen rätischen und lombardischen Mundarten nur theilweise durchgeführt ist; das einzige *fŭš* *fūssem (vgl. frz., ven.) hat auch in Pinzolo seine Eigenart gerettet.

Merkwürdig ist das zwischen Stamm und Endung manchmal einschaltbare (vielleicht nie obligate) -*ig*-. Man erinnert sich sofort an die gleiche Erscheinung im Neuprovenzalischen (Ztschr. f. rom. Phil., III); doch ist die Zurückführung auf alte Perfectformen, wie sie Aymeric in der angeführten Arbeit für seine Mundart versucht, hier nicht möglich, da vor allem keine Perfecta vorliegen. Uebrigens ist diese Erklärung auch für den südfranzösischen Dialekt nicht befriedigend, weil sich auch da das -*ig*- bis ins Präsens eingeschlichen haben müsste; oder soll man das *g* in curregóri (cucurri) nicht für identisch halten mit dem in portigéri (Perf.), portigési (Imperf.) und portigo (Conj. Präs. von partire)? Noch weniger Anspruch hat das Verbalsuffix ic, obwohl es anderswo neue Conjugationen geschaffen hat; denn es gehört der 1. lateinischen Conjugation an, während unser -*ig*- gerade der I. versagt ist und im Rouergat bei regelmässigen Verben nur in IVa und IVb (nach meiner Bezifferung) vorkommt. Ich komme auf diesen Punkt weiter unten zurück.

In keinem Stücke erweist sich unser Dialekt in so auffallender Weise als ein Gemisch wie in den Personalendungen.

Lombardisch ist z. B. das den paroxytonen Formen der 2. P. Plur. (Ind. Imperf., Conj. Imperf., Cond.) angehängte Pronomen -f; venedisch die den Lautgesetzen meist zuwiderlaufende Erhaltung des -o in der 1. P. Sing. Ind. Präs. der regelmässigen Verba; mittelrätisch die Endung -ùmus in der 1. P. Plur. des Präs. Diese rätische Region hebt übrigens erst jenseit der Etsch, im Fleimsthale, an; nach der andern Seite müsste man gar bis nach dem nördlichen Piemont gehen, um wieder ein grösseres Gebiet des -ùmus anzutreffen. Dagegen breitet sich dieser Gebrauch, wie es nach Biondelli scheint, ununterbrochen von Pinzolo (um ein Thal weiter nach Westen und) in südlicher Richtung an der Ostgrenze des lombardischen Gebietes hin bis über die Grenze der Aemilia. Mit drei Mundarten Osträtiens gemeinschaftlich ist ferner der Mangel der Personalendung in der 2. P. Sing. Conj. Imperf.; venedisch das -i der 2. P. Sing. in den anderen Tempora und Modi, wenn es auch zuweilen nur im Stammvocale versteckt ist. Lombardisch (wenigstens bergam.) ist die Endung -gi der 2. P. Plur. im Conj. Präs.

Woher kommt diese Endung -gi? Ein entartetes und dann angewachsenes illi (gli) könnte man eher im Anlaute suchen (wie in go habeo) als im Auslaute. Vielleicht enthält sie das analogische g, das sich aus díga dicat, fága *facat, trága *tragat, in dáiga det, vága vadat, tǽga tollat verirrt hat; denn nachdem das g von diesen frequenten Verba Besitz ergriffen hatte und so zu flexivischer Würde erhoben war, konnte es leicht weiterdringen, am leichtesten von fági facias zu fę́gi faciatis, endlich auch von fę́gi zu dę́gi, zu gabię́gi und łapię́gi, zu purtę́gi und durmígi. Neben -gi ist auch -ga gebraucht, eine Nebenform, die bei einer jungen, nicht aufs Latein zurückgehenden Flexion nichts Wunderliches ist, die aber ihrerseits, als die richtigere Form angesehen, eine andere analogische Deutung nahelegt. Es könnte fę́ga faciatis aus fę́ facitis abgezogen sein nach dem Vorbilde: fu facit, fága faciat und da dat, dáya det; so wäre mit einem Schlage auch die Entstehung der 1. P. Plur. Conj. fúma, dúma, purtúma . . . . aus den entsprechenden Formen des Ind. (fum, dum u. s. w.) erklärt. Die eben entwickelten Ableitungen dürfen sicherlich auf das Lob der Einfachheit und Ungezwungenheit Anspruch machen;

doch vielleicht haben jene Analogien nur nebenher mitgewirkt, vielleicht wird man einer anderen Erklärung den Vorzug geben, die, wenn auch weniger einfach und durchsichtig, eine grössere Reihe von Erscheinungen umfasst. Der Plur. des Conj. Präs. wird von den romanischen Sprachen in der verschiedensten Weise gebildet und fast immer durch ein völlig neu erfundenes Mittel. Im Grednerthale und in der östlichen Nachbarschaft gleichen 1. und 2. P. Plur. Conj. Präs. ganz und gar den Inversionsformen des Ind., d. h. man sagt gleichsam portamus-nos, portatis-vos statt portemus, portetis. Das ist auf den ersten Blick bizarr; aber der Conj. ist ja syntaktisch auch oft ein Optativ (weshalb bekanntlich diese Modi im Lateinischen und im Deutschen in einen Zweikampf mit tödtlichem Ausgange geriethen), und in optativischen oder imperativischen Sätzen ist die Inversion nichts Ungewöhnliches (z. B. „gehen wir!", „diglielo tu!"). Dies genügt vollauf fürs Grednerische; wie steht es aber um den vorliegenden Dialect? *gabiẹgi* habeatis und *gif* habetis-vos sind freilich sehr unähnlich; gehen wir zu den regelmässigen Zeitwörtern, so finden wir *purtẹgi* portetis und *purtẹ́·f* portatis-vos einander gegenüber: da brauchen wir nur anzunehmen, dass dort das *f* abgefallen sei, und die beiden Formen sind vereinbarlich. Diese Annahme aber wird auch von anderer Seite begünstigt; Bergamo hat nämlich portéghef (Biondelli) im Conj. Auch die Ursache, aus der so die zwei etymologisch gleichen Verbalformen phonetisch geschieden wurden, ist unschwer zu errathen. Bei *purtẹ́·f* ist sowohl portatis als vos stets im Bewusstsein des Sprechenden (Fragenden); es musste also *f* (vos) erhalten werden. Bei *purtẹgi* hingegen muss der Begriff vos immer verdrängt werden, sobald der Conj. wirklich (syntaktisch) reiner Conj. ist; so verlor sich *f* ganz, während die prosodische Erweiterung, als das einzige Merkmal des Conj. gegenüber dem Ind., unerlässlich schien. Warum aber *purtẹgi*, und nicht etwa *purtẹi* oder, da die Lautverbindung *ẹi* nicht genehm ist, *purtéi?* Spontane Hiatustilger sind immer verdächtig, wenn sie nicht Bürgen an ihrer Seite haben. In der Lautlehre (127) lernten wir eilf Fälle kennen, in denen lateinisches, oder doch romanisches v gleich dem germanischen w durch *gu* oder *g* wiedergegeben wird, ferner manches Hiatus-*v* (jugum, crudam). Auch innerhalb der Flexion

finden wir eine Stütze, und zwar in dem facultativen -*ig*-, das
wir oben beiseite stellten, wenn wir ihm nämlich eine phonetische Deutung geben. Zu diesem Zwecke gehen wir von den
Formen *durmigęś* dormi(v)isset und *durmigúm* *dormiúmus aus,
woran sich wegen der besprochenen Vermengung der Conjugationen ohneweiters *matigęś*, *matigúm* und alle ähnlichen Erscheinungen von selbst anknüpfen. Es handelt sich also demnach hier wie dort um ein *g*, das einen Hiatus aufhebt, meist
auf dem Platze eines verblichenen *v* folgt und da eine Verbalflexion (-issem, -ūmus) oder ein Pronomen von flexivischer
Geltung (vos) gegen Contractionen, Elisionen und ähnliches bewahren soll — ein Bedürfniss, das man auch in Como, wo man
aus fuisset ein füdess gemacht hat (Bolza in den Sitzungsber.
der kais. Akad. in Wien, 1868, S. 241), und vielleicht einst
in Trient fühlte, wo man fadesso (fecisset) schrieb (Schneller,
Statuten einer Geisslerbruderschaft, S. 49; für *d* mag die
Analogie mit stetisset entschieden haben). Nun versteht man
auch *gabięgi* als Ableitung von *gábia* nach dem Muster der
regelmässigen Verba, und nicht nur alle diese -*ig*- und -*gi*,
sondern auch alle oben angezogenen Erscheinungen in Südfrankreich, in Greden u. s. w.

Unter den Inversionsformen sind die der 1. P. Sing.
räthselhaft. Aehnliches bietet das Nonsbergische, z. B. *font-e* =
pinz. *funt-i*, *šent-e* = pinz. *šunt-i*. Im letzten Beispiele kommt das
Merkwürdige hinzu, dass *šent-e* nicht nur sum-ego, sondern
auch sumus-nos heisst, sowie das gred. *soη-ze*; *font-e* aber
gibt im Plur. *fant-e* facimus-nos. Die Endung -*nte* ist im Nonsbergischen (und bis nach Trient hinaus) das Zeichen der 1. P.
Plur. im Imperativ und allerdings selbst dunkel; sollte sie aber
in dieser syntaktischen Function heimisch sein, so würde sie
ohneweiteres auch im eigentlichen Conjunctiv und endlich, da,
wie oben gesagt, portemus = portamus-nos (also auch umgekehrt), auch in der Inversionsform begreiflich sein. In den
Sing. schliesslich käme -*nte* durch das Verbum esse, dessen
sum und sumus phonetisch gleich sind oder doch einmal waren.
Dass in Pinzolo *šum-i* sumus-nos und *šunt-i* sum-ego nicht gleich
sind, würde ohne Bedenken auf Rechnung der Dialektmischung
gesetzt werden können. Wer nun aber, wie ich, das nonsbergische,
trientinische *metén-te* mittamus als Imperativform nicht versteht,

wird vielleicht folgendem Versuche beistimmen. Lateinisch sum kann phonetisch auch = sunt sein; in der That ist z. B. im ganzen Engedein sum = sunt. Nun gibt es für sum ein *sunt, sont* u. dgl., wenn auch gerade da, wo dies vorkommt, dem sunt eine ganz fremde Gestaltung zutheil ward: ich meine das Hinterrheinthal und (nach Biondelli) einen unterbrochenen Streifen mitten durch die Lombardei vom St. Gotthard bis Cremona, und da finden wir z. B. im Domleschg *sont* sum und *en* sunt und dieselben Formen bei Bonvesin. Nimmt man nun ein altpinzolisches *sunt* sum an, so ist *šunt-i* (sum ego) klar, dann (durch Analogie) auch *funt-i;* ja sogar die trientinische 1. P. Plur. Imperf., wenn man dafür folgende Angleichungen voraussetzt: sum an sunt sumus-nos an sum-ego, portamus-nos (= portemus) an sumus-nos.

Zusammenstellung der Verba nach den Conjugationen.

I. 350 Vb.; Beispiele überflüssig. Hieher gehören noch in gewissem Sinne die irr. Vb. *dar, fur* und *dišfár, štar, trar.*

II. 8 Vb.: *gudér, kunyér, parér, šintér, škudér, tinyér* und *mantinyér, tχernér, valér.* Dazu die mehr oder weniger unregelmässigen *avér, pudér, šavér, vinyér, vulér.*

III. 47 Vb.: *árdar, aškǫ́rdyjar, bátar, bívar, diféndar, disídar, intíndyjar, krǫ́šar* und *riŋkrǫ́šar, krǫ́zar, kunyǫ́šar, léyjar, lí*žar, médar, mǫ́tar, parmǫ́tar* und *škumǫ́tar, míndyjar, ndšar, pę́rdar, plándyjar, plážar, réndar, rišpúndar, riχévar, sédar, škę́dar, škúndar, špárdyjar, špúndyjar, štríndyjar, tážar, téndar, lę́šar, úndyjar, vérdyjar, víntχar, vívar, vǫ́ndar;* mit dem Part. nach der IV. (-i-): *búiar, kórar, kúžar, mǫ́var, plǫ́var;* mit einem starken Part.: *[dra]vę́rzar* und *drę́var, inténdar, kǫ́žar, rúmpar, škrívar* und *šutuškrívar, víjar,* auch *pę́rdar* hat neben dem regulären Part. die Nebenformen *pę́rš* und *pę́rt*. Von den unregelmässigen kann man hieher rechnen: *fšar, tœr.*

IVa. 2 Vb.: *durmér;* mit starkem Part. *murér.*

IVb. 24 Vb.: *finér, fiurér, implinér, kapér, martχér, mažér, paér, pintér, proibér, rabér, riguarér, ruštér, šflurér, sparér, špartér, spǫrér, turlér, tušér, tvdurér, tχimušér, ubidér, vištér, žmarér;* Part. nach III.: *paχér.*

Nun folgen Beispiele für die fünf Conjugationen, dann die unregelmässigen Verba; die vielen analogischen Bildungen, denen man da begegnet, sind von selbst klar.

I.	II.	III.	IV a.	IV b.	
		Infinitivus.			
purtár	gudér	mę́tar	durmér	fiurér	
		Indicativus Präsentis.			
pǫ́rtu	gǫ́du	mę́tu	dǫ́rmu	fiuríšu	1. Sg.
pǫ́rti	gǫ́di	mę́ti	dǫ́rmi	fiuríši	2. Sg.
pǫ́rta	gǫt	mę́t	dǫrm	fiuríš	3.
purtúm	gud[ig]úm	mat[ig]úm	durm[ig]úm	fiur[ig]úm	1. Pl.
purtę́	gudí	matí	durmí	fiurí	2. Pl.
		Conjunctivus Präsentis.			
pǫ́rta	gǫ́da	mę́ta	dǫ́rma	fiuríša	1. Sg.
pǫ́rti	gǫ́di	mę́ti	dǫ́rmi	fiuríši	2. Sg.
pǫ́rta	gǫ́da	mę́ta	dǫ́rma	fiuríša	3.
purtúmi	gud[ig]úmi	mat[ig]úmi	durm[ig]úmi	fiur[ig]úmi	1. Pl.
oder -ma	oder -ma	oder -ma	oder -ma	oder -ma	
purtę́gi	gudígi	matígi	durmígi	fiurígi	2. Pl.
oder -ga	oder -ga	oder -ga	oder -ga	oder -ga	
		Imperativus.			
pǫ́rta ¹	gǫt ¹	mę́t ¹	dǫrm ¹	fiuríš ¹	2. Sg.
purtúm	gud[ig]úm	mat[ig]úm	durm[ig]úm	fiur[ig]úm	1. Pl.
purtę́	gudí	matí	durmí	fiurí	2. Pl.
		Indicativus Imperfecti.			
purtáva	gudíva	matíva	durmíva	fiuríva	
		Conjunctivus Imperfecti.			
purtę́š	gud[ig]ę́š	mat[ig]ę́š	durm[ig]ę́š	fiur[ig]ę́š	
		Conditionalis.			
purtaría	gudaría	mataría	durmiría	fiuriría	
	oder -iría				
		Futurum.			
purtarǫ́	gudarǫ́	matarǫ́	durmirǫ́	fiurirǫ́	
	oder -irǫ́				
		Participium.			
purtá, -áda, gudú		mití, -ída,	durmí	fiurí, -ída,	
-ę́, -ádi		-í, -ídi		-í, -ídi,	

Ind. Impf.	Cj. Imp.	Cond.	Fut.	
-áva	-íva	-ę́š	-aríu	-arǫ́
-ávi	-ívi	-ę́š	-arí	-arę́
-áva	-íva	-ę́š	-aría	-ará
-ávan	-ívan	-ę́šan	-arišan	-arúm
-ávaf	-ívaf	-ę́šuf	-arišaf	-arí

Conjug. periphr. (habere, esse): Pf., Ppf., Cj. Pf., Cj. Ppf., Cond. Pf., Fut. II.; Passivum mit venire oder esse.

¹ Im Falle der Verneinung durch den Inf. ersetzt.

Verba irregularia.

		Infinitivus.		
ę́šar	a[v]ér	ša[v]ér	vulér	pudér
		Indicativus Präsentis.		
šu	gǫ [1]	šǫ	vúi	pǫ́š
še	gę̣	šę̣	vœ	pœ
e	ga	ša	vœl	pœl
šum	gum	šum	vulúm	pudúm
ši	gi	ši	vulí	pudí
		Conjunctivus Präsentis.		
šía	gábia	šápia	vœ́ia	pǫ́ša
šíi	gábi	šápi	vœ́i	pǫ́ši
šía	gábia	šápia	vœ́ia	pǫ́ša
šiúmi oder -ma	gúmi, -ma oder gabiúmi, -ma	šapiúmi oder -ma	vulúmi oder -ma	pudúmi oder -ma
šię̣gi oder -ga	gabię̣gi -ga	šapię̣gi oder -ga	vulę̣gi oder -ga	pudę̣gi oder -ga
		Imperativus.		
ší [2]	gábi [2]	—	—	—
šię̣	gabię̣	—	—	—
		Indicativus Imperfecti.		
ę́ra	gíva	šíva	vulíva	pudíva
		Conjunctivus Imperfecti.		
fvš	gǫ́š	šavǫ́š	vulǫ́š	pudǫ́š
		Conditionalis.		
šaría	gavría	šavría	vuría	pudaría
		Futurum.		
šarǫ́	gavrǫ́	šavrǫ́	vurǫ́	pudarǫ́
		Participium.		
šta, štáda štę̣, štádi	a[v]ú	ša[v]ú	vulú	pudú

Regelmässig ist *vinyér*, *vényu* (wie *gudér*) ausser in der 2. P. Sing. des Imperativs: *ve*. — Ueber unregelmässige Part. s. oben.

Die durch *ig* verstärkten Nebenformen sind von den unregelmässigen Verben und von *vinyér*, *véyar*, *tinyér* und *kunyér* nicht gebräuchlich.

---

[1] Als Auxiliare bei anderen Verben nimmt *avér* kein *g* im Auslaute an: *ǫ, ę̣, a, um, i, ábia* u. s. w.; auch nicht nach *g'an* (cene): *g'an i-f aíá? mę g'an ǫ aíá.* (Ne avete abbastanza? Io ne ho abbastanza.)

[2] Man zieht aber die Umschreibung vor: *várda d'ę́ļar, várda d'avér*.

Infinitivus.

tœr	*der*	*far*	*štar*	*nar*

Indicativus Präsentis.

tœk	*dik*	*fu*	*štu*	*vu*
tœ	*di*	*fę*	*štę*	*vę*
tœl	*diš*	*fa*	*šta*	*va*
tulúm	*dižúm*	*fum*	*štum*	*num*
tulí	*diží*	*fę*	*štę*	*nę*

Conjunctivus Präsentis.

tɥ́ga	*díga*	*fága*	*štága*	*vága*
tɥ́gi	*dígi*	*fági*	*štági*	*vági*
tɥ́ga	*díga*	*fága*	*štága*	*vága*
tulúmi	*dižúmi*	*fúmi*	*štúmi*	*númi*
oder -ma	oder -ma	oder -ma	oder -ma	oder -ma
tuligi	*dižigi*	*fę́gi*	*štę́gi*	*nę́gi*
oder -ga	oder -ga	oder -ga	oder -ga	oder -ga

Imperativus.

tœl	*di*	*fa*	*šta*	*va*
tulí	*diží*	*fę*	*štę*	*nę*

Indicativus Imperfecti.

tulíva	*dižíva*	*fáva*	*štáva*	*náva*

Conjunctivus Imperfecti.

tulǫ́š	*dižǫ́š*	*fǫš*	*štǫš*	*nǫš*

Conditionalis.

turía	*diría*	*faría*	*štaría*	*naría*

Futurum.

turǫ́	*dirǫ́*	*farǫ́*	*štarǫ́*	*narǫ́*

Participium.

tut, túta	*dit, díta*	*fat, fáta*	*šta, štáda*	*na, náda*
tuχ, túti	*diχ, díti*	*fęχ, fáti*	*štę, štádi*	*nę, nádi*

Wie *far* wird auch *dišfár, trar, dar* conjugiert.

Beispiele für Inversionsformen (bin ich? bist du? . . .):

šunt-i	*gunt-i*	*pudúnt-i*	*vulúnt-i*	*purtúnt-i*
še-t	*gę-t*	*pœ-t*	*vœ-t*	*pǫrt-at*
e-l, e-la	*ga-l, -la*	*pœl-al, -ala*	*vœl-al, -ala*	*pǫrta-l, -la*
e-i, e-li	*-i, -li*	*-ai, -ali*	*-ai, -ali*	*-i, -li*
šum-i	*gum-i*	*pudúm-i*	*vulúm-i*	*purtúm-i*
ši-f	*gi-f*	*pudi-f*	*vuli-f*	*purtę́-f*

II. Nomen.

Zur Pluralbildung dient, wo nicht jedwede Veränderung unterbleibt, ohne Unterschied des Geschlechtes der Vocal *i*. Aber das feminine *i* ist ein secundäres *i* und daher zu schwach, um vorhergehende Consonanten zu gefährden. Es kommt, wie es ihm geschichtlich gebührt, nur den femininen Substantiven auf -*a* zu (etwa 400 im Glossare) und allen (gegen 80) Adjectiven; die übrigen (ungefähr 50) weiblichen Substantive bleiben im Plur. unverändert, wie auch der Auslaut beschaffen sein mag, z. B. *af, ariš, baríl, bulp, but, faftχ, févar, fvm, imáÿin, maŋ, mári, palč, parç, sitá*. Das Plur.-*i* des Masculinums ist auch vielen Nomina dieses Geschlechtes vorenthalten (mehr als 400 im Glossar), sie endigen auf -*k*, -*χ*, -*y*, -*s*, -*š*, -*p*, -*f*, -*m*, -*ŋ*, -*r*, -*i*, -*í*, -*č*, -*ú*, -*ǫ̇*; wo es aber angesetzt hat, da musste der Auslaut leiden und zeigt die Spuren des Kampfes, auch dort, wo der Angreifer selbst hinterher vom Schicksal ereilt wurde. Nur um fünf Fälle handelt es sich: 1. die (40) Masculina auf -*u* und die wenigen auf -*a* (*bárba, kría, panyáka, pápa*) tauschen diese Vocale gegen -*i* ein, z. B. *ládru ládri, bárba bárbi*; 2. die auf -*á* (*figá, fla, fra, kaštrá, kvnyá, malá, pra, šuldá, tablá* und die Part. auf -*atus*), die auf -*ę̇* (*dę̇, pę̇, rę̇*) und eines auf -*ǫ̇* (*bǫ̇*) bezeugen durch den Umlaut die Wirksamkeit des nunmehr verschwundenen *i*, z. B. *pra prę̇, dę̇ de, bǫ̇ bœ* (*barulę̇* ist unveränderlich); 3. auslautendes -*l* ist vom *i* erweicht und endlich ganz aufgelöst worden, z. B. *anél anéi, árbul árbui* (55 Masculina); 4. -*n* nimmt das *i* in consonantirter Form auf, z. B. *an any, siŋgan siŋgany* (12 Masculina); 5. -*t* vereinigt sich ebenso mit *i* zu -*tχ* (20 Masculina), aber nach Vocalen muss dann das *t* weichen (50 Masculina), ein *n* davor überdiess zu einer blossen nasalirenden Färbung des Vocals verblassen (24 Masculina), z. B. *štǫrt štǫrtχ, brvt brvχ, kuntént kuntéχ*. — Die Part. *fat, trat* und das darnach geformte *dat* vereinigen die unter 2. und 5. besprochenen Mittel, z. B. *fat fęχ* (vgl. auch die Pronomina *kul* und *kušt*); *ǫm* bewahrt noch ein Stück alter Declination, es bildet den Plur. *ǫ́many*. Das sind alle Ausnahmen ($1/2 \%$), die ich finden konnte.

Die kräftige Einwirkung des flexivischen *i* auf ein vorausgehendes *t* ist weder allgemein lombardisch, noch allgemein rätisch; sie besteht an der Grenze dieser Gebiete (Bergell, Addaquellen), im Mittelrätischen und in einzelnen alltäglichen Wörtern noch weiter ostwärts bis an den Isonzo hin. Von Pinzolo selbst scheint sie sich über das Camonicathal bis nach Brescia zu erstrecken; auch die Absorption des *n* sehen wir da vollzogen (eine Nasalirung ist bei Biondelli nicht angedeutet), aber das *n* fehlt auch im Sing.

Bei der Bildung des Femininums aus dem Masculinum werden, wie es sich von selbst versteht, die im Auslaut der Masculinform erhärteten oder abgestossenen Consonanten den Lautgesetzen gemäss wiederhergestellt, z. B. *luŋk lúŋga, grant gránda, qualíf gualíva, más máza, buŋ búna, malá maláda*.

Ueber die Casuspräpositionen findet man die nöthige Bemerkung im Glossar *(di)*.

Die organische Gradation lebt nur noch in wenigen Ueberbleibseln fort: *méi* (neben *pv beny*), *pœχ* (neben *pv mal*) und *pv* (das regelmässige Gradationswort).

Die Pronomina und die Numeralia folgen unten in tabellarischer Zusammenstellung.

Personalpronomen.

a) Absolut (betont):

mę	*tę*	*nœáftri* [1]	*vœáftri* [1]
par mę	*par tę*	*par nœáftri*	*par vœáftri*
a mi	*a ti*	*a nœáftri*	*a vœáftri*
kum mek [2]	*kum tek* [2]	*kun nœáftri*	*kum vœáftri*
ęl	*ęla*	*ęi*	*ęli*
par ęl	*par ęla*	*par ęi*	*par ęli*
a ęl	*a ęla*	*a ęi*	*a ęli*
kum ęl	*kum ęla*	*kum ęi*	*kum ęli*

b) Beim Verbum (unbetont):

—	*ti*	—	*al, l*
ma, mi, am, m	*ta, ti, at, t*	*ni, [a]n*	*vi, [a]v (f)*	*lu, [a]l*
ma, mi, am, m	*ta, ti, at, t*	*ni, [a]n*	*vi, [a]v (f)*	*gi*

---

[1] Auch *nváftri, v.* oder *niáftri, v.; vv* sagt man zu einer Person, die man ihrzt.

[2] Bonvesin schreibt conmego, consego (Bekker a. a. O. 1851, S. 87), aber auch bloss tego (ib. 86).

				Neutrum
la	i	li	—	al, l
la, l'	i	li	ši	al, l
gi	gi	gi	ši	gi
—	—	—	—	ni, an, n

Beispiele: *da-m'an* dammene, *am viy̆-at?* mi vedi? *al viy̆-at?* lo vedi? *av viy̆arúnt-i?* vi vedrò? *af parlarúnt-i?* vi parlerò? *pǫ́rta-n* portane. *pǫ́rta-n* portaci. *purtę́-m* portatemi. *purtę́-f* portatevi. *mę m'am vu* io me ne vado. *tę ti t'am vę* tu te ne vai. *ęl al š'am va, nœdftri š'an num, vœdftri v'an nę, ǫ́i i š'am va. al š'a fat mal da par ęl* si è fatto male da sè.

Possessivpronomen.

a) Subst. (betont):

mę	tǫ	nǫš	vǫš	šǫ (suo, loro)
mía	túa	nǫ́ša	vǫ́ša	šúa
me	tœ	nœš	vœš	šœ
mi	túi	nǫ́ši	vǫ́ši	šúi

b) Adj. (unbetont):

mę	tǫ	nǫš	vǫš	šǫ
mę	tǫ	nǫ́ša	vǫ́ša	šǫ
me	tœ	nœš	vœš	šœ
mi	tu	nǫ́ši	vǫ́ši	šu

Numeralia.

a) Card.

[v]vny, [v]úna, dv, f. dǫ́i (vor einem Substantiv f. *du* oder *dǫ*), *tri, kuátru, siŋk, še, šęt, [v]ǫt, nœf, deš, úndaš, dúdaš, trę́daš, kuatǫ́rdaš, kuíndaš, šǫ́daš, dirišę́t, diždǫ́t, diznǫ́f, vínti, vintiúny, vintidú, ..., trę́nta, trę́ntúny, trę́ntadú, ..., kuaránta, siŋkuínta, šašánta, šatánta, utánta, nu[n]ánta, sent, sent e vny, sent e dv, ..., dužę́nt, trisę́nt* oder *tražę́nt, kuátru sent, ..., míla, dv míla* vor masc., *du* oder *dǫ míla* vor fem.

b) Ord.

prvm, -ma, šakúnt, -da, tęrs, -sa, kuárt, -ta, kuínt, -ta, šęšt, -ta, šę́tim, -ma, utá[v]u, nǫ́nu, -na, dę́simu, -ma, ventéžim[u], últim, -ma.

Wortbildung.

Nominativbildungen: *fra, ládru, tašádru,* vielleicht keines
dem Thale eigenthümlich. Auch das masc. *kọš* von causa findet
man anderwärts. (Wegen des Begriffes vgl. *sap.*) Masc. auf -a:
bárba Oheim. Unlateinische Fem. auf -a: *krína, šagála, dyjánda;
duanadóra, vagladóra.* Neutra plur. sind nicht beliebt *(maravẹ́ia*
ist fremd); im Gegentheile *dyjẹ́rla* gerla. Wie insulsus von sal,
so *diškúfs* von calceus (Asc. Arch. glott. I. im Index). Suffixlose
Ableitungen *lamp, paš* adj., *ržžaga, šfdi, guχ, gúχa, martχ;*
auch *kría?*

Einzelne Suffixe: *-ák: imbriák, panyáka — -éga: danéga*
(Suffix?) reimt mit *butéga* und *karéga — -ọk: marọ́k, paštrọ́k
— -úk: nyúkla* (agnus?) *— -čk: barčk, štarlčk — -ul: rá-
nyul* u. s. w. *— -ọl: banọl* (fremd?) *— -ọχ* s. Lautlehre 64 —
*-ọχ: šalọ́χa, žlambrọ́χa — -čχ: gačχ, gọ́χa, kačχ, kapčχ, palmčχ —
-ái: škudmái, ragái? — -ẹ́ia: maravẹ́ia — -ilya* s. Lautlehre 97
*— -ẹ́i: agaẹ́i, famẹ́i, kuẹ́i — -ćm: pisčm — -iŋ: palína, tvíŋ
— -úŋ: tašúŋ* (vgl. gred. taséla) *— -čyin: šflaŋkčyin* (vgl. *kaliŋ)
— -ás: viasóla — -és: žbigés — -is: tinyís, žnarvís — -ús:
barbús — -sa, -sia* s. Lautlehre 107 *— -íny: muχíny, kaftχínya
— -ọ́nya: marọ́nya — -ẹ́r, -ár, -ér* s. Lautlehre 9 *— -if: gualíf,
tardíf, šurtíva, umbría — -čf: gaičf, patafiár — -át: pinyáta,
begatár — ọ́t: manarọ́t, sirọ́t, škvdilọ́t — -ọ́bi: katọ́bi — dẹ́da*
(zia) reimt mit *gẹ́da,* aber es gibt kein langobardisches daida
bei K. Meyer (Sprache der Langobarden, Paderborn 1877);
déda sagt man in Erto (Piavegebiet) *— -ulare: mvžár, turlár*
und *turlér, pižulár tχižulár —* entare: *žbuiantél —* izare: *batayár*
(-Icare, -Ijare statt -izare) — icinare: *žmulišindr.* Suffixtausch:
aχál, mašẹ́la, manyár, auch bei *múnak* und *štúmak* denkt man nicht
an -σχος, sondern an -icus; *liŋgír* (Lautlehre 231). Am meisten
Ueberläufer fanden sich unter der Fahne des beliebten Suffixes
-ulus ein: *ándyjul, apọ́štul, árbul, bígul, dẹ́bul, diául, negul, nć-
gula, rúndula (sígula* ist wohl lateinisch cepula), *tórbul* dürften
alle als Deminutiva gefühlt werden.

Zu den in meiner ‚Grednor Mundart' (S. 96) besprochenen
Verben ficcare, leccare, stancare u. s. w., die sich an figere,
lingere, stagnare u. s. w. wie falsche Iterativa anzulehnen

scheinen, haben wir hier *fikár, lakǫ́t* als Gegenstücke, ferner *štrikár* (stringere) und *tragulár* (trahere; Lautlehre 95).

Adverbia auf -a sind nicht im Schwange: *inščma* ist fremd, das *-a* in *indúa* und *kúma* phonetisch aufzufassen; *nigúta, vargúta* geben im Gegentheile ihr *-a* gerne ab. Auf *-úŋ*: *daškundúŋ*; *-úŋ* ist auch das gewöhnliche Mittel zur Verstärkung der Adjectiva (st. frz. très).

Das Präfix *s-* ist nicht selten: *šfursíŋ* (Boerio: forzin), *štruš, štisúŋ, žmílsa* u. s. w. (Lautlehre 229).

Ueber Wortnachahmung s. Lautlehre 220.

Zusammensetzungen: *budínfiu* (Muss. Beitr. S. 35, Note), *galifévar* (zweisprachiges Wort), *šaltamartíŋ* (Azzolini: saltamartim, Tiraboschi: -tì, Boerio: -tin); adv.: *indúa, nigilǫ́k, pašandumáŋ* und das mir unerklärliche *impartí*.

Sprachprobe.

Diese Geschichte von Santa Maria di Campiglio ist aus Lucchini's Saggio entnommen und wurde im October 1881 in einer Conferenz, zu der ich ihn und den aus der Nähe von Pinzolo gebürtigen Herrn Lehrer Jacob Collini *(di škudmái* Giovannone) gebeten hatte, von Lucchini mit einigen Verbesserungen vorgetragen, von Collini (abermals hie und da verbessert) nachgesprochen und von mir lautgetreu zu Papier gebracht. Dabei hatte ich alle Aufmerksamkeit so sehr auf die Laute allein gerichtet, dass ich nicht selten ohne Verständniss schrieb. Schliesslich las ich nach den Sitzungen mein Lautbild einem zwölfjährigen Knaben von Pinzolo vor und liess es ihn nachsprechen; ich berichte zu Nutz und Frommen Derjenigen, die Mundarten erforschen wollen, dass der kleine Peter Maturi theils bewusst, theils unbewusst den wackeren Herren Lehrern noch ein paar Fehler nachwies. So hatte zwei-, dreimal das pleonastische Pronomen gefehlt, zweimal war das ganz ungebräuchliche *štráda* (statt *vía*) gesetzt worden, auch gab's, ich weiss nicht mehr wo, lautliche Fehler; lauter Literarismen trotz der Befähigung und dem Eifer der zwei Herren.

Die Wörter, die (nach einem vocalischen Auslaute) mit χ, $\ddot{y}$ anfangen, sind unter *tχ, d$\ddot{y}$* zu suchen; vor Vocalen kann ein *v* abgefallen sein. Der Endconsonant ist nicht selten dem folgenden Anlaute angeglichen. Italienische Interpunction, weil italienischer Satzbau.

M pọ' di štǫ́ria di Kampǫ́i.

‚Dumáŋ abunóra, kumpári, ša ulí vinyér ŋ Kampǫ́i, af fu kumpanyía; num šv ki a bẹl bẹl ku' la nǫ́ša fiáka, ša la kuntúm šv méi ka pudúm, e adíu.'

‚še še, mẹ vényu vulintéra, parké mẹ l e ŋ gram pẹs ka nu i šu šta šv. dÿa l ši ka l e vint any ka máŋku; e própriu kum vv vényu vulintéra amú di pv, parké n ši tánti, aŋ kuntarí šv argúta di štu Kampǫ́i.'

‚še še, mpartí ka ulí vv, mẹ v dik tvt kul ka šọ; bášta ka vinyígi. dumán dúŋka, innáχ ka léva l šul, narúm nšv: ntant num ki da l Šardelina a bívar m mẹz lítru e dọp narúm a χína.'

a la dumáŋ i dv amík i š' a gatá, e dọb d' avér-ši dat al bun di, al prvm l a dit:

‚num difát, ša nu l ven tárdi; adẹ́ž l e li še, e da ki ka šúma la šv, al ni veny kaft, parke i væl tri búni óri e dọp až vulúm farmár-ši m pọk a Mavinyǫ́la a bívar-ni m biχér.'

‚num pẹr, e vv, ntant ka nu ši štrak, škumišẹ́ a der-mi šv, vargút, mpartí ka šum raštẹ́ nteš alšéra. mẹ v lágu parlír vv, viÿi, parké mẹ nu g' an šọ m butúŋ.'

‚Kampǫ́i, mpartí ka diž la štǫ́ria, l e šta frabiká lintórn a l míla dužént da n sẹrd Raimúndu par dar da durmér e da manyár a kví ka pašáva par la Šǫ́lva. par m pẹs l e šta tinyé da štu Raimúndu e da áftri šo: kumpány. i š' ẹ́ra mitó in košietá kun ọl, šúta la diresiúŋ da l páruku u „retór" da la Rindéna, mpartí ka i dižíva alóra. dọp al páruku nu l g' an a pv vulú šavér e l a rinunsiá tvt a l véškuf, e kušt al l a sedó a vny de i kúnti Madrús ka fasilmént l'ẹ́ra m fra. kušt al š' a gatá de i kumpány, frẹ aŋk' ǫ́i, e Kampǫ́i da n' uštaría l e davantá da próma ŋ kunvént di frẹ e dọp ŋ kunvént di frẹ a múnagi nšẹ́ma. kvíš ki i ẹ́ra ubligẹ́ kúme dináχ a dar da manyár e da durmér a i fureštér. šti frẹ, vargúny i diš k' i šta štẹ Templári, vargúny di kví di šant Aguštíŋ, e vargúny áftri di kví di šan' Dÿirǫ́lim. dÿv ŋ kalǫ́niga g' e ÿv n dokumént ka g' e šv škrit ka i ẹ́ra frẹ „di nigóny órdin" e ka i ẹ́ra li núma par vidár kví ka pašáva.

ma i šia pọ štẹ di ki šant ši šia, i nœž vẹÿ i a šémpru kuntá
ka' i plažíva la rọ́ba e ka i šíva kavár fọ da li maŋ al bẹl e l
buŋ ka i gíva la ÿent di šti paíš. e m pagamént di šta rọ́ba ẹ̣i
i gi dáva da li indvldÿési. trχ i paíš i gi dáva vargút. l an míla
dužént e nœf i kumúny ka kumandáva a Špindl i g' a rigalá
arkuáχ prẹ e na gran šẹlva, ka mẹ dik ka la e dv miliúŋ di
paš. n véškuf di Trent, l an míla dužént e šatantúny, al g' a
rigalá na χéža kun trχ i šœ diríχ dintru m val di Šul. i kúnti
di Flavúŋ dintru m val di Nuŋ i g' a rigalá arkuáχ prẹ ka i
gíva lintórn a Kampẹ̣i. trχ pọ krí ka muríva i lagáva vargút a
štu šantvári; Rindinẹr, Blẹχ, Bandi, Trentíŋ, Nọ́naš e Šulándri,
kuánt ka i muríva, i ši rigurdáva di Kampẹ̣i. in títa la val krí
frẹ i gíva li šu kiži, e škuáži trχ i kamp e i prẹ i gíva šv livéi par
la madọ́na di Kampẹ̣i. iá ŋ kanselaría g' e iá dokvméχ vẹχ ntra l'Išọ́l
e Bavdím da na bánda e i frẹ da l' áftra škriχ par órdan da l
prísip e véškuf di Trent, pliŋ di „dižúm" „šentinsiúm" „fum láudu"
„pronunsiúm" „arbitrúm" e „kumandúm"; e mẹ l áftru di i ọ liÿẹ́
trχ. g' an e iá rny da l míla tražént e kuarantúny ka l pírla di
na lit ka i ga' vr krí da l'Išọ́l e Bavdím ku i frẹ par n tọk di
šút, ka i gi diš li Fráti, e par diríχ di páškui in arkuáχ šiχ.
kun štu „láudu" i frẹ i a χapá al dirít šóra li Fráti ku' l pátu
ka i dạ̣š a krí da l'Išọ́l e da Bavdím sent e utánta líri píχuli
Trentíni ka l veny a ẹ̣šar truŋ, e ka krí da l'Išọ́l e Bavdím i
batẹ̣ž dÿr títi li kažími ka i gíva n li Fráti, e ka nu i pudẹ̣š
pr frabikár-ni áftri. i e štẹ kundanẹ̣ di lagár paškulár al bištiám
da l kunvént šv par Nambíŋ, Pataškúš, li Ruíni, Val Kẹ̣štria,
Fugaiárt, Milénya, Kl[a]émp e Rütẹ̣rt e par di pv a krvár títi
li prvmavéri i prẹ di Kampẹ̣i. g' an e pọ iá táχ áftri de i do-
kvméχ da l míla kuátru sent e siŋkuantasiŋk e míla siŋ sent e
šatantakuátru šutuškríχ da l prísip e véškuf di Trent di fitási
ka krí di l'Išọ́l e Bavdím e krí da Füšt i a fat a l kunvént
par m piš u dv di furmái a l an; e arkuánti šinténsi par li
dẹ̣simi ka i frẹ di Kampẹ̣i i e štẹ kundanẹ̣ di dar a l kumúny
u, mpartí alóra i dižíva, a la kumvnitá u vnivešitá di l'Išọ́l e
Bavdím. g' an e iá amú de i áftri, ma mẹ nu stu ki, viÿi, a
numinár-li trÿ nu. mẹ v dik náma ka krí frẹ i ẹ̣ra šiurúŋ, ka
n títi li valádi da l nọš paíš i gíva müχ e pušiúŋ e ka trχ i
kunyíva šémpru pagár dẹ̣simi u livéi a la madọ́na di Kampẹ̣i.
ma šti frẹ, 'i plažíva di pv avér li pušiúŋ pv apẹ̣, ka máša dalúχ,

e par kušt i χirkáva da vę́ndar kvíli dalúχ e krumpár pv apę́
a l sǫ kunvént ka i pudíva. kví da Pisǽl i š' an a aškǫ́rt ka m
pǫk temp i frę i saría vinyú padrúŋ di škuáži trý i prę i kamp
da l paíš, e ka a la ỹent nu gi saría pv raštá nigúta. par kušt,
l an míla kuátru sent e kuarantaše͂, i kǫ́nžui da Pisǽl e áftri
ǫ́many da l paíš i a ubligá i frę a nu krumpár pv nyi káži,
nyi kamp, nyi prę da nigúny sv l tinyér da Pisǽl e Bavdím, e
ka, sa vargúny i g' an avę́š lagá n teštamént u dat m pagamén'
di dę́biχ, i kunyę́š dar-lu ndre par m prę́si unę́st a l kumúny.
i a fat n dokvmént šutuškrít da se teštimǫ́ni, da nœf frę e da
i tri kǫ́nžui da Pisǽl e Bavdím e da se áftri ǫ́many da Pisǽl;
e štu dokvmént al g' e iá amú ŋ kumúny. Súta Bęrnárdu Klę́žiu,
ka l a kumandá da l míla siŋ sent e kuatǫ́rdaš a l míla siŋ
sent e trentanœ́f, šti frę i e štę mandę́ iá, e di trý i prę, kamp
e dę́simi e šta fat m benefísi ka l véškuf al lu dáva a sǫ idéa
a vny u l' áftru de i prę́vaχ, e škuáži sémpru a kuálki nǫ́bil.
sírka sirkuínt' any dǫp ŋ kunšíliu di prę́vaχ da la diǫ́seži i a
disidv́ ka trχ i beny, kamp i prę di Kampǫ́i e di áftri kunvéχ
i frž druę́ a mantinyér al seminári di Trent. ma dǫp, al pápa
Alašándru žę́timu al g' i a tuχ trχ a štu seminári, e kví da
Kampǫ́i i li a dęχ a l Barún di Fírštampę́rk, véškuf di na sitá
fǫ par i tudę́šk ka, sa nu m žbáliu, la sa χáma Padęrbýna.
dǫp i vulíva mę́tar-lu nsę́ma ku i fúχ da l véškuf, ma l pápa
nu l g' a parmité, e nya fǫ a Išprúk e nya a Vię́na. na bǫ́ta,
l an míla sę́t sent e šatantúny, al véškuf di Trent, n sęrt Tvn,
l a fat na vižíta a štu santvári, e túta la Rindéna la a fat na
gran fę́šta par arkuáỹ di da la kunsulasiúŋ. dǫp pǫ e davantá
véškuf di Trent vn' de i kúnti Albę́rti da Deŋ; e kušt al l a
dat kúme benefísi a i sœ naú ku' l pátu ka i pagę́š al fit e ka
i kumandę́š sv la frábika. ma ǫ́i nu i a fat mái nigút. l an
míla sę́t sent e še, par škurtár-la, al e šta dat par sémpru a i
kanǫ́nisi di Trent ku l pátu ka i gi mantinyę́š sv m prę́vat par
se miš a l an. ǫ́i pǫ i lu fitáva iá m bǫt a vny, m bǫt a l áftru
par míla ráinyaš a l an, fraŋk e nęχ. arkuánti famǫ́i da Pisǽl
e di áftri paíš da Rindéna i a aú Kampǫ́i a fit; ma l ši beny
mpartí ka l e ku' i fitalíŋ. i χirkáva sémpru da tirár fǫ pv ka
i pudíva e nu i gi fáva mái nigút di bur, e Kampǫ́i l ęra na
m malǫ́ra da l tvt. al pári da l Batištiŋ Ríǵi al l a aú škuáži
par nigút arkuáχ any, e sikúme ŋ káuza di tánti manyaríi an' di

štu pǫk, pǫk u nigút i kanóniśi i χapáva e fórśi árka parké i
gíva pǫ́ra ka l' Auštria la fǫš mpartí ka l' a fat l' Itália e la gi
tulǫ́š tr̥t, i l a vindŕ a l Batištiŋ Rígi, ka ẏa al śi am' vr̥, da
l śaśantǫ́t ŋ kuá, par kuaránta mila fiuríŋ. ma nr̥ adę́š gǫ škudži
vŕia da bivar m biχér di viŋ; e ẏa ka śum rivę́ ki a Mavinyóla
num a bivar-ni ŋ guẏ di biárŋk da l mać̌štru Kulíni. viẏi-f ki
šta bę́la káža! al l' a fáta śr̥ kumę́ny di Písǫ́l, dǫp ka śi kaminá
r̥, par li škǽli e par l mać̌štru.'

,mać̌štru, purtę́ ki męz lítru di biárŋk!"

,śantúm-až dẏu ki di fǫ śv la bárŋka; ka l e mę́i parké śum
máśa śrdę́, e di díntru l e máśa frǫt.'

,a la vǫ́śa salúti, kumpári!"

,evíva! kušt almárŋk l e n viŋ ka š' pœl bivar-lu a śigrrtá.'

,a, l e buŋ, še; al mi plaš arŋk' a mi.'

,biúm dúŋka a la salúti di krí fręь di Kampǫ́ći; ka, da kuánt
śi ša, l gi plažíva, e, ša nu báśta kruf, al gi plažíva arŋ' kǫt.
Duŋ Kárlu Kulíni al diš ka l an mila kuátru sent e nuantadŕ
rny di Kaštél Nan m val di Nuŋ l e šta delegá da l rę́śkuf di
Trent di far n inventári a i fręь e a li múnagi di Kampǫ́ći, e
dǫp ka l a dit ka i gíva tant' arzentaría e áftri rǫ́bi di gran
valór, al diš ka lu val di Nuŋ śúla, par dę́simi e livę́i lu gi
kunẏíva dar, ę́śtra arkuánti śǫ́mi di gráŋ, sírka trentašę́t órni di
viŋ kǫt, Trent nœf brénti e li Ẏrdikárii śe śǫ́mi. graŋ, viŋ e
śǫ́ldi g' am vinẏíva departít, e ći i gíva m bun temb da mę́rlu.
šta kárta la diš ka i gíva tri par di bœ, kuarantǫ́t ráki, kuíndaž
mázi e vidę́i e siŋ sent fídi e kaštrę́. karn, viŋ, graŋ e śǫ́ldi,
viẏi aŋ' vr̥ ka nu g' an maŋkáva, e kuáŋ' ka g' e di krí bagái
li, al bun temp nu márŋka mái. adę́š mę nu śǫ pr ku der-vi;
adę́ž num díntru ki par la vía nǫ́a, ka l a fat al Rígi fiŋ
iŋ Kampǫ́ći. la śará m pǫk pr lúŋga, ma almę́n až va kǫ́muχ.
l e šta na gram bę́la rǫ́ba ka l a fat al Rigi a far šta vía
škudži títa a śǫ špę́ži: e dirišę́t kilǫ́metri di vía, mь la kúśta
míga nẏa pǫk, ę́śtra pǫ tr̥χ krí ka g' a ulŕ a far l śtabilimént.
e n śtabilimént di kúla śǫrt! kun sent e siŋkuánta štáśii da lęt,
e śáli grándi e mubílya; e pǫ viẏarí, kuáŋ' ka śarúm díntru,
l e na maravę́ia. príma l š' ę́ra bružá, e dǫp l a turná a frabi-
kár-lu anú pь bęl di príma, e d' iśtá par tri miś al tχápa śǫ́ldi
a ẏę́ra, parké veny tāχ di krí śiór iŋglęš, tudę́šk, frāẏęš, taliáŋ

e nfinamái di kví da la Mḟrika. mę pǫ adḟš šu štvf, mę nu v dĩk áftru: kuáŋ' ka šarúm dintru, viỳarí am' rv.'
„ku ulí-f pǫ der-mi šv amú? mę v riŋgrdsiu e v dik ka šu kuntént d' ḟšar vinyť kum rv, parké χi šǫ vargút am' mę di štu Kampǫ́i.'

Nomina propria.

Aguštiŋ Agostino.
Albḟrti Alberti.
Auštria Austria.
Banái abitante delle Giudic. orientali.
Batištiŋ Battista.
Bavdím Baldimo (frazione di Pinzolo).
Bęrnárdu Bernardo.
Blęχ abit. delle Giudic. occidentali.
Deŋ Denno (Val di Non).
Duŋ Kárlu Kulíni Don Carlo Collini.
Dyirǫ́lim Girolamo.
Dyvdikárü Giudicarie.
Fišt Fisto (Val di Rendena).
Flavúŋ Flavon (Val di Non).
Fráti Fratte (monte presso Campiglio).
Fugaiárt Fogojard (Val Nambino).
Išprík Innsbruck.
Itália Italia.
Kampǫ́i Campiglio.
Kaštél Nan Castello Nano (Val di Non).
Klaémp o. Klemp un pascolo.
Klḟžiu Clesio.
Kulíni Collini.
Madrv́s Madruzzi.

Mavinyála Mavignola (Val Nambino).
Mḟrika America.
Milénya un pascolo.
Nambíŋ Val Nambino.
Nǫ́naš Nonese (abitante della Val di Non).
Nuŋ Non.
Pataškúš un pascolo.
Pisǫ́l Pinzolo.
Raimúndu Raimondo.
Rígi Righi.
Rindéna Rendena.
Rindinḟr Rendenese.
Ritǫ́rt Monte Ritorto (presso Campiglio).
Ruíni un pascolo.
Šardelína Sardellina (locandiere).
Sǫ́lva Selva.
Špinál Spinale (altipiano).
Šul Sole.
Šulúndri Solandri (abitante della Val di Sole).
Templári templari.
Trent Trento.
Trentíŋ abit. di Trento.
Tin Thun.
Val Kḟštria Valchestria (malga).
Viḟna Vienna.

Wörtersammlung.

Zu den Substantiven ist der Plural beigefügt (mit Ausnahme der Feminina auf -*a*, die alle im Plural -*i* bekommen), zu den Adjectiven die fem. und die zwei plur. Formen, zu den Verben der Laut des vorletzten Vocales, den dieser erhält, wenn der Ton auf eine andere Stelle rückt, als er im Inf. hat; wenn der Ton auf den drittletzten Vocal versetzt werden soll (von Silben spreche ich nicht, weil ich keine Poetik machen will), so ist — um jedem Zweifel vorzubeugen — die 3. P. Sing. Ind. Präs. ganz ausgeschrieben neben den Inf. gestellt. Die Zahlen am Ende der Artikel weisen auf die Lautlehre. Die Citate beziehen sich auf folgende Werke:

Alt.: Alton, Die lad. Idiome in Ladinien u. s. w., Innsbruck 1879. — Asc.: Ascoli, Saggi ladini (Archivio glott. it. I.). — Azz.: Azzolini, Vocabolario vernacolo-it. pei distretti Roveretano e Trentino, Venezia 1856. — Biond.: Biondelli, Saggio sui dialetti galloitalici, Milano 1853 (1. lomb., 2. ämil., 3. piem. Glossar). — Boc.: Boerio, Dizionario del dial. veneziano, Venezia 1856. — Car.: Carisch, Taschen-Wörterbuch der rhätischen Sprache in Graubünden, Chur 1851; Zusätze 1852 (e., o.e., u.e. bedeutet engedeinisch, oberengedeinisch, unterengedeinisch). — Conr.: Conradi, Taschen-Wörterbuch der romanisch-deutschen Sprache, Zürich 1828. — Dz.: Diez, Etymologisches Wörterbuch der romanischen Sprache, 4. Ausgabe, Bonn 1878. — Flc.: Flechia, Postille etimol. (Archivio glott. it. II, III), Löscher 1876. — Galv.: Galvani, Glossario modenese, Modena 1868. — Gart.: Gartner, Grednar Mundart, Linz 1879. — Lomb.: Lombardin, Deutschladinisches Wörterbuch, 1879 (Handschrift im Besitze des Herrn Prof. Böhmer, mir freundlichst geliehen). — Melch.: Melchiori, Vocab. bresciano-ital., Brescia 1817; Appendice 1820. — Muss.: Mussafia, Beitrag zur Kunde der norditalienischen Mundart im 15. Jahrhundert, Wien 1873. — Schel.: Scheler, Dictionnaire d'étymologie française, Paris 1873. — Schn.: Schneller, Die romanischen Volksmundarten in Südtirol, Gera 1870 (I. wälschtirolisches, II. ladinisches Wörterbuch). — Tir.: Tiraboschi, Vocab. dei dial. bergamaschi, Bergamo 1873 ff.

Von den aus diesen Büchern angeführten mundartlichen Vocabeln ist die Bedeutung nicht mitcitiert, wenn sie von der des entsprechenden pinzolischen Wortes nicht wesentlich abweicht. Wo ich auf Asc., Dz., Fle., Muss., Schel. oder Schn. hinweisen konnte, habe ich in der Regel auf weitere Citate verzichtet.

a prp. a. — 69, 203.
abundóra avv. di buon' ora. — 46, 85.
adę́š avv. ora. — Dz. I. esso.
af f., *af*, ape. — 1, 211.
afsár, -á-, alzare. — 10, 107.
aft, -*ta*, -*tχ*, -*ti*, alto. — 10, 193.
aftár m., -*r*, altare. — 1, 111.
áftru, -*ra*, -*ri*, -*ri*, altro. — 10, 85.
aftún m., -*ny*, autunno. — 93, 193.
agrár, -*á*-, smuovere. — Azz. agràr; Car. agra (Hebel).
ágru, -*ra*, -*ri*, -*ri*, acido (p. e. latte), *vinyér* a. rapprendersi. — 85, 173.
aguę́i m., -*i*, pungiglione (delle api o delle vespe). — 97, 167.
agúšt m., -*tχ*, agosto. — 93, 183.
[a]gús, -*sa*, -*s*, -*si*, acuto. — 63, 107.
ái m. aglio. — 8, 97.
ákua f. acqua. — 1, 175.
ákuila f. aquila. — 1, 175.
akužár, -*č*-, accusare. — 89, 136.
ála f. ala. — 1, 111.
albę́rgu m., -*gi*, albergo. — 95, 125.

alégru, -*ra*, -*ri*, -*ri*, allegro. — 3, 240.
aligría f. allegrezza. — 69, 71.
almánk cong. almeno. — 8, 152.
alóra avv. allora. — 46, 111.
alšéra avv. ierscra. — 75, 125.
am m., *am*, amo. — 1, 95.
amár, -*ra*, -*r*, -*ri*, amaro. — 1, 69.
amík, -*ga*, -*k*, -*gi*, amico, amica. — 33, 69.
amú avv. ancora. — 85, 203.
an m., *any*, anno, *štu an* quest' anno. — 8, 144.
ánadra f. anitra. — 81, 200.
ándyul m., -*ui*, angelo. — 77, 188.
anél m., -*éi*, anello. — 27, 69.
ánima f. anima. — 79, 145.
animál m., -*ái*, animale. — 79, 111.
antána f. riga di erba falciata. — Dz. I. andana.
anyél m., -*éi*, agnello. — 27, 192.
áŋka (*aŋ'*) avv. anche. — Dz. I. anche.
apę́ avv., *apę́ a* prp. presso (di). — 18, 209.
apéna avv. appena. — 18, 209.
apóštul m., -*ui*, apostolo. — 85, 209.

arár, -á-, arare. — 1, 123.
arbašár, -á-, abbassare. — 136, 234.
árbul m., *-ui,* albero. — 85, 221.
árdar, -a-, ardere. — 8, 202.
ardınár, -í-, = *trar apǵ* ammassare, ammonticchiare. — 89, 234.
argány m., *-y,* arnese da poco. — Schn. I. argagn.
ária f. aria (aër). — 1, 76.
aríš f., *-š,* radice. — 203, 234.
arkuánt, -ta, arkuáχ, -ti, alcuni, parecchi. — 111, 175.
arlǫ́i m., *-i,* orologgio. — 86, 190.
armár m., *-r,* armadio. — 9, 123.
arnyúŋ m., *-ŋ,* arnione. — 102, 234.
arsiprę́t m., *-ę́χ,* arciprete. — 81, 170.
artažáŋ m., *-ŋ,* artigiano. — 101, 148.
arzént m. argento. — 69, 188.
arzentaría f. argentaria. — 36, 188.
ásit, -da, -χ, -di, acido (p. e. aceto). — 79, 170.
aš f., *aš,* asse, tavola. — 8, 136.
aš m., *aš,* asso. — 8, 136.
ašá avv. abbastanza. — 3, 134.
ašíl m., *-íi,* sala (della ruota). — 33, 174.
aškǫ́rdyjar-ši, -u-, accorgersi. — 228, 240.
aštóra avv. già. — 46, 223.
aukát m., *-áχ,* avvocato. — 127, 193.
a[v]ér vb. irr. avere. — 95, 215.

a[v]ǫ́s m., *-s,* abete bianco (abies pectinata). — 27, 107.
avríl m., *-íi,* aprile. — 33, 210.
ážan m., *-ny,* asino. — 81, 136.
ažę́ f. aceto. — 18, 170.
áχa f. matassa. — 8, 170.
aχál m. acciajo. — 1, 170.
badíl m., *-íi,* badile; vomero. — 41, 214.
bagái m., *-i,* cosa, coso. — Dz. I. baga.
bagár, -ę́-, accapigliarsi. — germ.
bágarli m., *-i,* carrozza. — germ.
bágula f. bacca di ginepro. — 91, 167.
báia f. menzogna, *der na b.* mentire. — Dz. II a. bagliore.
báita f. casupola di montagna (da pastori). — germ.
bakǫ́ta f. bacchetta. — 42, 167.
bála f. palla; *far la b.* ubbriacarsi. — 8, 214.
balár, -á-, ballare. — 8, 214.
baldsa f. bilancia. — 81, 170.
balíŋ m., *-ŋ,* pallino. — 33, 214.
banagáti f. pl., *di da li b.* epifania. — Biond. 1. gabinàt; Gart. guánya (Epiphanie).
bánda f. parte, lato. — Dz. I. banda.
bandınár, -í-, abbandonare. — 46, 223.
banǫ́l m., *-ǫ́i,* cesta (per trasportare patate). — Dz. I. benna.
bany m., *-y,* bagno. — 102, 111.
banyá, -áda, -ę́, -ádi, bagnato. — 102, 111.

banyár, -á-, bagnare. — 102, 111.
baŋk m., *-k,* banco. — 152, 167.
báŋka f. banco. — 152, 162.
baratár, -á-, barattare. — Dz. I. baratto.
bárba f. barba. — 8, 214.
bárba m., *-bi,* zio. — 8, 214.
barbús m., *-s,* mento. — 69, 107.
barę́la f. barella. — 27, 123.
baríl f., *-l,* piccola botte. — Dz. I. barra.
barulę́ m., *-ę́,* quella parte della calza che copre la metà superiore della gamba. — Boc. barulè.
barík, -ka, -k, ki, senza corna.
básóla f. cassetta delle spazzature. — Dr. I. benna.
baš, -ša, -š, -ši basso. — 8, 136.
bašt m., *baštχ,* basto. — Dz. I. basto.
baštár, -á-, bastare. — Dz. I. basto.
baštúŋ m., *-ŋ,* bastone, canna; bastone (carta). — Dz. I. basto.
bátar, -a-, battere; *b. dÿr* distruggere. — 8, 193.
batayár, -ę́-, battezzare. — 40, 143.
batéžim m., *-m,* battesimo. — 42, 228.
bázul m., *-ui,* ramo (tagliato via), randello. — 1, 96.
bažár, -á-, baciare. — 1, 101.
béga f. baruffa. — germ.
bęl, -la, -i, -li, bello. — 27, 111.

beny avv. bene; *der l beny* recitare le orazioni. — 22, 144.
bę́špa f. vespa. — 127, 136.
bę́štia f. bestia. — 27, 107.
biáŋk, -ka, -k, -ki, bianco. — 8, 115.
biáva f. biada; avena. — Dz. I. biado.
bigul m., *-ui,* ombilico; specie di vermicelli. — 234, 240.
binél, -ęla, -ęi, -ęli, gemello. — 27, 79.
bíra f. birra. — 41, 123.
biškár, -i-, smaniarsi. — Schel. bisquer.
bištiám m. bestiame. — 79, 107.
bi[v]ar, -i- (3. pers. sing. *bif*), bere. — 40, 216.
bižíny 1. bisogno: *avér b. di . . .* 2. bisogna: *mę b. ka vága a káža; mparti b. far-lu kušt?* — Dz. I. sogna.
biχ m., *-χ,* serpe. — Dz. I. biscia.
bíχa f. bruco. — Dz. I. biscia.
biχabóga, nar a b. andare a serpicella. — Galv. bissaboga; Tir. böc, böga vuoto.
biχér m., *-r,* bicchiere. — Dz. I. bicchiere.
blaštamár, -ę́-, bestemmiare. — 27, 132.
blut, -ta, -χ, -ti, puro, schietto. — 64, 115.
bǫ m., *bœ,* bove. — 50, 131.
bǫ́ldar m., *-r,* moneta (spicciola) di 10 soldi austr.
bórša f. borsa, tasca. — 64, 123.
bǫrtχula f. ragnatela.

bọ́sa f. bottiglia. — Dz. I. bozza.
bọ̈k m., -k, bosco (di alberi frondosi). — Dz. I. bosco.
bọt m., bọχ, volta, fiata. — Dz. I. bottare.
bọ́ta f. = bọt; tχári bọ́ti dirádo, špẹ́ši bọ́ti sovente. — Dz. I. bottare.
bẹ́dul m., -ui, betulla. — 18, 196.
bẹ̈k m., -k, becco (dell' uccello). — Dz. I. becco.
bẹ́na f. cestone (per trasportare letame). — Dz. I. benna.
brági f. pl. brache. — 1, 163.
braχ m., -χ, braccio. — 8, 170.
brent m., brēχ, tina. — Dz. II a. brenta.
brénta f. (misura ant.) 80 boccali austr. — Dz. II a. brenta.
bría f. briglia. — germ.
brintéla f. piccola madia. — Dz. II a. brenta.
brivár, -í-, abbeverare. — 78, 124.
briža f. boleto (boletus edulis). — Azz. brisa (briciolo); Tir. brisa (niente); Biond. 2, 3 brisa (mica, punto).
brọk m., -k, ramo destinato al fuoco. — Dz. I. brocco.
brọ́ka f. brocca. — Dz. I. brocca.
brọs m., -s, carretta a due ruote. — 54, 107.
bræ m., brodo. — 52, 203.
brẹny m., -y, truogolo. — Schn. I. bregn.
bružéla f. = patéia. — Biond. 2 brusa (orlo).

bréma f. brina. — 59, 153.
brénya f. prugna. — 102, 209.
brıt, -ta, -χ, -ti, brutto; al b. il diavolo. — 59, 193.
bruźár, -í-, bruciare. — Dz. I. bruciare.
budínfiu, -ia, -ii, -iʹ, gonfio, enfiato. — 42, 116.
buẹ́r m., -r, bifolco. — 85, 127.
bıiar, -u- (p. buí), bollire. — 64, 97.
buk m., -k, becco, capro. — Dz. II c. bouc.
búka f. bocca. — 64, 162.
bulfíŋ m., -ŋ, vento forte di montagna.
bulp f., -p, volpe. — 64, 127.
bumbáš m. bambagia. — 85, 170.
bummarká avv. e agg. invar. a buon mercato. — 75, 145.
buniǽl m., -ǣi, lumaca. — Schn. I. bugnol.
buŋ, -na, -ŋ, -ni, buono (comp. pv buŋ). — 51, 144.
buráška f. burrasca. — 85, 138.
buš m., -š, bacio, far n buš = bažár. — Dz. II b. buz.
but f., -t, botte. — Dz. I. botte.
butéga f. bottega. — 193, 223.
butér m. burro. — 33, 193.
buźia f. bruciolo (trucioli). — Tir. büsì, büsoi, büsie.
bıǵida f. bucato. — Fle. II. 327.
bıgatár-ši, -á-, contorcersi. — 82, 223.
bıšk m., -k, arbusto. — Dz. I. bosco.

bušt m., -tχ, giubba, veste. —
Dz. I. busto.
buština f. corpetto, busto. —
Dr. I. busto.
butár, -ć-, spingere; spuntare;
šar butá ẏv giacere. — Dz. I.
bottare.
búža f. buco; scavo; fossa. —
Dz. I. bugia (1).
da prp. da; v. anche *di*. —
69, 202.
dadál m., -ái, ditale. — 81, 190.
dádu m., -di, dado. — 85, 197.
dakát nella locuzione *tinyér d.*
tenere da conto. — 8, 213.
dalúχ avv. lungi. — 152, 189.
dan m., -ny, danno. — 8, 156.
danár m. denaro (carte). — 9,
75.
danéga f. assenzio, Artemisia
absinthium. — Tir. daneda
(tanaceto); Schel. tanaisie.
dapartćt avv. dappertutto. —
75, 193.
dar vb. irr. dare; porgere; *dar-
gi* battere, frustare, bastona-
re; *d. dẏv* cascare. — 1, 202.
daškundúŋ avv. di nascosto. —
46, 85.
de v. *di*. — 74, 202.
dę m., *de*, dito. — 34, 190.
dębit m., -iχ, debito. — 18, 215.
dębul, -la, -i, -li, debole. — 18,
215.
dęda f. zia. — Azz. dedo (sa-
poritino); Biond. 1. deda;
Biond. 2. deda (sorella).
dent m., *dšχ*, dente. — 27, 193.
der vb. irr. dire. — 33, 202.

dęštru, -ra, -ri, -ri, lento, *d. d.*
= *bęl bęl* pian piano. — 27,
174.
di prp. di; coll' articolo: *da l,
da la, de i, da li.* — 75, 76.
di m., *di*, giorno. — 36, 202.
diául m., -ui, diavolo. — 85,
215.
díbiu m., -ii, dubbio. — 109,
219.
difát avv. subito. — 76, 172.
diféndar, -i-, vietare. — 27, 150.
difisil, -la, -i, -li, difficile. —
40, 170.
dima f. forma adattata, mo-
dello. — Azz. dema (pie-
gatura); Melch. dema (ma-
niera); Tir. dema; Biond. 1.
dema (maniera); Biond. 2.
demma (piega, tendenza);
Galv. dema (usanza).
dimáŋk avv. ed agg. invar. me-
no. — 8, 76.
dináχ e *dináẏ di* prp. avanti,
dinanzi. — 79, 107.
díntru avv. dentro. — 42, 85.
dintúftra avv. di dentro. —
64, 79.
diǫseži f., -i, diocesi. — 67, 170.
dirít m., -iχ, diritto. — 79, 172.
disęmbar m., -r, dicembre. —
27, 170.
disidar, -i-, decidere. — 33, 202.
dišfár vb. irr. disfare; *dišfár-
si* sciogliersi. — 1, 174.
dišiparár, -á-, separare. — 76,
209.
diškargár, -á-, scaricare. — 83,
163.

diškuartár, -ę́-, = *diškuaχár.* — 85, 210.

diškuaχár, -á-, scoprire. — 85, 118.

diškúfs, -sa, -s, -si, scalzo. — 10, 107.

dišpǫ́ avv. dopo. — 54, 174.

dištanár, -á-, liquefare. — 142, 192.

dištražóra avv. fuor d'ora. — 46, 148.

diýιnár, -ύ-, digiunare. — 96, 221.

diýιny, -na, -ny, -ni, digiuno. — 96, 221.

diždrumīsár, -í-, svegliare. — 27, 234.

dižmuiár, dižmóia, inconcare (la biancheria). — 55, 97.

dižligár, -í-, sciogliere. — 40, 181.

dižnár, -í-, desinare. — Dz. I. desinare (App. dello Scheler).

dižnár m., *-r,* pranzo; *ináÿ d., dǫb d.* — ibidem.

dᵫna f. donna. — 54, 156.

dǫ́nula f. donnula. — 54, 156.

dǫp avv. e prp. dopo. — 209, 240.

dǫš m., *-š,* collina. — 54, 126.

drap m., *-p,* drappo. — Dz. I. drappo.

dravę́rzar v. *drę́var.* — 124, 220.

draÿár, -á-, vagliare (col *draχ*). — germ.

draχ m., *-χ,* crivello grosso (per vagliare il grano). — germ.

drę́var vb. irr. (anche *[dra]vę́rzar*) aprire. — 210, 124.

drit, -ta, -χ, -ti, dritto; destro, dritto. — 27, 172.

dru[v]ár, -á-, adoperare. — 52, 124.

duanadóra f. donna che *duána.* — 77, 210.

duanár, -á-, aggomitolare il filato. — 77, 210.

dudulár, dǫ́dula, accarezzare. — 85, 202.

dulór m., *-r,* dolore. — 85, 111.

duls, -sa, -s, -si, dolce. — 64, 170.

dumandár, -á-, domandare. — 77, 153.

dumáŋ avv. domani. — 77, 144.

dumáŋ f., *-ŋ,* mattina, *di d.* di mattina. — 77, 144.

duminiga f. domenica. — 40, 163.

dunár, -ú-, donare. — 46, 202.

dúŋka cong. dunque; quindi. — Dz. I. dunque.

durmér, -ę́-, IV a, dormire. — 54, 123.

dú[v]a f. doga. — 46, 184.

duvár, -ú-, d. šu adornare, abbellire. — 215, 223.

[d]uχár, -ǫ́-, adocchiare. — 118, 223.

dÿa avv. già. — 96, 154.

dÿánda f. ghianda. — 8, 122.

dÿardíŋ m., *-ŋ,* giardino. — 69, 181.

dÿéndru m., *-ri,* genero. — 27, 188.

dẏenitóri m. f. genitori. — 74, 193.
dẏent f. gente. — 27, 188.
dẏḝra f. ghiaja. — 9, 122.
dẏḝrlu m., -li, gerla. — 27, 188.
dẏindẏíva f. gengiva. — 188, 240.
dẏinḝr m., -r, gennajo. — 71, 96.
dẏinívru m., -ri, ginepro. — 89, 210.
dẏinǵχ m., -ǵχ, ginocchio. — 64, 76.
dẏirár, -i-, girare. — 33, 188.
dẏíru m., -ri, giro. — 33, 85.
dẏiẏınár, dẏiẏıny v. diẏ....
dẏæk m., -k, giuoco. — 52, 96.
dẏuf m., -f, giogo. — 61, 184.
dẏun, -na, -ny, -ni giovine. — 61, 224.
dẏv, indyḗ, avv. giù. — 59, 126.
dẏɩdísiu m., -si, giudizio. — 85. 170.
dẏɩ́dis m., -s, giudice. — 79, 170.
dẏɩgár, -ǎ-, giuocare. — 85, 163.
dẏɩny m., -y, giugno. — 63, 102.
dẏɩramént m., -éχ, giuramento. — 27, 89.
dẏɩrár, -ḝ-, giurare. — 59, 89.
dẏɩ́st, -ta, -tχ, -ti, giusto. — 63, 96.
dɩr, -ra, -r, -ri, duro. — 59, 123.
e congiunzione e. — 74, 197.
éliu, -ia, -ıi, -ii, essiccato, troppo asciutto. — 3, 85.
ḝpiu, -ia, -ii, -ii, stucco, annojato, l fa ḝ. è seccante.

ḝra f. aja. — 9, 99.
ḝrba f. erba; li ḝrbi spinaci; ḝrbi rávi barbabietole. — 27, 95.
ert, -ta, -tχ, -ti, erto. — 27, 240.
ḝšar vb. irr. essere; g' e c' è. — 27, 75.
ḝstra avv. di più, oltre. — 27, 174.
fadíga f. fatica. — 181, 196.
faftχ f., -χ, falce. — 10, 169.
faĺir, -ä-, fallare. — 8, 111.
falkǫ́t m., -ǭχ, falco (falco peregrinus). — 42, 111.
fálkula f. falcetto. — 8, 132.
falš, -ša, -š, -ši, falso; accorto. — 8, 136.
fam f. fame. — 1, 153.
famḝi m., -i, famiglio. — 42, 97.
famḝia f. famiglia. — 42, 97.
far vb. irr. fare; far šv costruire. — 1, 172.
farár, -ḝ-, ferrare. — 75, 123.
farína f. farina. — 33, 69.
farinél m., -éi, farfalla. — 27, 79.
farlukár, -ḝ-, ciarlare. — Azz. farloc (scimunito); Tir. ferlòc (ciarlone); Biond. 1., 2. farloch; Biond. 3. ferlochè.
farlukúŋ m., -ŋ, ciarlone. — v. s.
fásil, -la, -i, -li, facile; fasilmént probabilmente. — 79, 170.
fasǽl m., -ǽi, fazzoletto. — Dz. II a. fazzuolo.
fáva f. fava. — 1, 215.

fẹr m., -r, ferro. 27, 123.
féra f. fiera. — 27, 99.
férmu, -ma, -mi, -mi, fermo. — 42, 85.
fẹrš m. = škýta siero. — Biond. 1. fers (rosolia); Gart. fiars (heiss).
fẹ́šta f. festa. — 27, 142.
févar f., -r, febbre. — 22, 228.
fiáŋk, m., -k, fianco. — Dz. I. fianco.
fída f. pecora. — 18, 196.
figá m., figẹ́, fegato. — 79, 163.
fikár, -i-, ficcare. — 41, 132.
fil m., fíi, filo. — 33, 111.
filár, -i-, filare; aguzzare (colla cote). — 79, 111.
finér, IV b, finire. — 79, 144.
finẹ́štra f. finestra. — 27, 76.
finóχ m. finocchio. — 64, 76.
fiŋ f. fine. — 33, 144.
fiŋ, -na, -ŋ, -ni, fino. — 33, 144.
fiŋ m. fieno. — 18, 144.
fiór m., -r, fiore. — 46, 116.
fiǿl m., -ǿi, figliuolo. — 52, 97.
fiǿla f. figliuola. — 52, 97.
firiáda f. inferriata. — 76, 99.
físa f. piegatura (delle pelli e delle stoffe). — Schn. I. fizza.
fiš, -ša, -š, -ši, fisso, denso. — 41, 136.
fit m., fiχ, fitto. — 41, 172.
fitalíŋ m., -ŋ, fittabile, affittajuolo. — 79, 196.
fitár, -i-, affittare. — 79, 172.
fitúsa f. affittanza. — 8, 107.
fiurér, IV b, fiorire. — 85, 116.
fiuríŋ m., -ŋ, fiorino. — 33, 116.
fivrẹ́r m., -r, febbrajo. — 76, 92.

fla m., flẹ, lena, fiato. — 1, 116.
fladír, -á-, respirare. — 1, 196.
flíma f. fiamma. — 8, 116.
flaŋkẹ́jin m., -ny, sproposito. — Dz. I. fianco.
fler m., -r, coreggiato. — 27, 111.
flǿra f. fragola. — 183, 234.
flukár, -ǿ-, nevicare. — 54, 116.
flvadẹ́ra f. logoratura. — Muss. fruar.
flvár, -ẹ́-, logorare. — v. s.
flvér, m. = lukér. — v. s.
fọ m., fọ, faggio. — 4, 183.
fọ avv. fuori. — 50, 123.
fọ di prp. fuori di; va-m fọ di pẹ vattene. — 50, 123.
fǿrbaš f., -š, forbici. — 54, 81.
fórka f. forca. — 64, 162.
fórma f. forma. — 58, 132.
forn m., -ny, forno. — 64, 144.
fǿrsa f. forza. — 54, 107.
fórši avv. forse. — 58, 123.
fọrt, -ta, -tχ, -ti, forte. — 54, 123.
fǿia f., foglia. — 55, 97.
fœk m., -k, fuoco. — 52, 167.
fra m., frẹ, frate. — 1, 197.
frábika f. fabbrica. — 124, 163.
frabikár, frábika, fabbricare. — 124, 163.
fradél m., -ẹ́i, fratello. — 27, 196.
fragár, -é-, fregare. — 40, 81.
fraŋk, -ka, -k, -ki, franco. — 8, 152.
fraŋk m., -k, lira. — 8, 152.
frášan m., -ny, frassino. — 81, 174.
fráta f. terra dissodata di fresco. — 8, 172.

4

fràχés, -źa, -ś, źi, francese. —
32, 170.
fręr m., -r, fabbro. — 9, 78.
fríŋku m., -ki, furbo, astuto. —
germ.
frisǫ́l m., -ói, matassina, parte
di una matassa.
frǫṡk, -ka, -k, -ki, fresco. —
42, 138.
fręt, -da, -χ, -di freddo. — 34,
190.
fruŋkúŋ m., -ŋ, tronco, parte
inferiore d'un arbusto.
frinyǫ́kula f. buffetto, buffettata.
— Azz. frugnoccola; Melch.
frignocola.
frut m., -χ, frutto. — 63, 172.
fugulár m., -r, focolare. — 9,
167.
fúmbla f. femmina; consorte.
— 18, 156.
funt m., fǎχ, fondo. — 64, 150.
funt, -da, fǎχ, fúndi, profondo.
64, 223.
funtána f. fontana. — 1, 85.
furár, -ú-, forare. — 51, 85.
furestér m., -r, forestiere. —
9, 74.
furmái m. cacio. — 85, 168.
furmíga f. formica. — 33, 163.
furmigęr m., -r, formicajo. —
9, 163.
furmínt m. formento. — 27,
234.
furnél m., -éi, stufa. — 27, 91.
fužína f. fucina. — 85, 170.
fulmináńt m., -áχ, fulminante.
— 8, 89.
fim m. fumo. — 59, 153.

fim f., -m, fune (trecciata di
coreggie). — 59, 144.
fimár, -ę-, fumare. — 89, 153.
fírbu, -ba, -bi, -bi, accorto. —
63, 85.
gabanǫ́t m., -ǫ́χ, moneta (spicciola) di 10 soldi austr. — Melch.
gabanòt (pastrano); Biond. 1.
gabinàt (regalo ecc.).
gaiárt, -da, -χ, -di, gagliardo.
— Dz. I. gagliardo.
gaiǘf, -fa, -f, -fi, rozzo, sconcio.
— Muss. gajufar.
gal m., gái, gallo. — 8, 111.
galifévar f., -r, febbre (= févar). — germ.
galína f. gallina. — 33, 69.
galúŋ m., -ŋ, coscia. — Muss.
galon.
gámba f. gamba. — 8, 160.
gámbar m., -r, gambero. — 160,
228.
ganáśa f. mandibola. — 75, 188.
garbár, -á-, conciare. — germ.
garbę́r m., -r, cuojajo. — germ.
garíśula f. cicciolo.
gat m., gaχ, gatto. — 8, 160.
gáta f. gatta. — 8, 160.
gatár, -á-, trovare. — 160, 213.
gáyn, -ya, -ýi, -ýi, di più colori,
macchiato. — Dz. I. gajo.
gãzę́ga f. festino dopo aver terminato un lavoro. — Schn.
I. ganzéga.
gáźa f. gazza. — 142, 225.
gaχ m., -χ, foglia di rapa. —
160, 210.
guχ m., -χ, piccolo bosco (di
proprietà privata).

gḗda f. grembo; grembialata. — germ.

gęp m., *-p*, ramicello (mozzato).

gęrp, *-ba*, *-p*, *-bi*, agro, non maturo. — germ.

glandǫ́ny m., *-y*, lendine. — 75, 229.

glavádula f. legnetto nella *špǫ́ra*; *al ga n magúŋ ka l manyaría tánti gl.* — 1, 120.

glaviχǫ́l m., *-ǫ́i*, gavocciolo. — 118, 120.

glaχ f. ghiaccio. — 121, 170.

gǫ́ba f. gobba. — 42, 214.

gǫ́bu, *-ba*, *-bi*, *-bi* gobbo. — 42, 85.

grandǫ́ṡa f. grandezza. — 42, 107.

granę́r m., *-r*, granajo. — 9, 69.

granisár, *-t-*, annerare con carbone o filiggine.

grant, *-da*, *grāχ*, *-di* grande. — 8, 150.

graŋ m., *-ŋ*, grano. — 1, 144.

grápa f. cranio. — Melch. grapa; Alt. crëppa.

grásia f. grazia. — 8, 107.

graš, *-ša*, *-š*, *-ši*, grasso. — 8, 136.

graš m. lardo; grassume. — 8, 136.

gráta f. vinaccia. — Melch., Tir. e Biond. l. grate; Boe. graton (ciccioli di sevo).

grayár, *-é-*, caricare troppo. — 3, 83.

grẹf, *-va*, *-f*, *-vi*, pesante. — 3, 131.

grię́r m., *-r*, pecorajo; gregge, moltitudine. — 76, 181.

grinyár, *-í-*, ridere. — 41, 102.

griš, *-ža*, *-š*, *-ži*, grigio. — 41, 101.

grižunę́ri f. pl. luogo ingombro di mirtilli. — v. *grižúŋ*.

grižúŋ m., *-ŋ*, bacca del mirtillo. — Melch. grizù; Biond. 1. glasù; Gart. dyalváiža.

grǫ́la f. cornacchia. — 4, 167.

grǫš, *-ša*, *-š*, *-ši*, grosso. — 54, 136.

grǫ́pula f. cicciolo. — Melch. grepola; Tir. e Boe. gripola (greppola).

grǫ́šta f. cresta. — 42, 173.

grumbiál m., *-ái*, grembiale. — 77, 228.

grumišél m., *-éi*, gomitolo. — 121, 170.

guaddány m., *-y*, guadagno. — 130, 202.

guadanyár, *-á-*, guadagnare. — 130, 202.

gualíf, *-va*, *-f*, *-vi* piano, liscio. — 176, 223.

guarér, IV b, guarire. — 123, 130.

guarnár, *-ę́-*, dar a mangiare (al bestiame). — 75, 215.

guaštár, *-á-*, abortire (delle bestie). — 8, 129.

gudér-si, *-ę́-*, II, godere. — 68, 202.

guę́ra f. guerra. — 123, 130.

guída f. vite (macchina). — 129, 196.

guíl f., *-l*, stalla. — 129, 223.

guláʼna f. avellana. — 129, 223.

gulanę́r m., *-r*, avellano. — 129, 223.

gumbǫ́t m., *-ǫ́χ*, gombito. — 166, 240.

gumitár, gómita, vomitare. — 129, 193.

[g]uš f., *-š*, voce. — 46, 129.

guχ m., *-χ*, sorso. — 64, 118.

gúχa f. goccia. — 64, 118.

gυs, -sa, -s, -si, acuto. — 107, 223.

gυsár, -ё-, acuire, rendere acuto; *g. fǫ i ǫχ* guardare attentamente. — 107, 223.

gǘχa f. ago (= *ё́χa*). — 118, 223.

gυχár, -ё-, lavorare a maglia. — 118, 223.

iá avv. via. — 127, 240.

iástra f. capra di un' anno.

idár v. *vidár*.

iér avv. ieri. — 23, 83.

imáyin f., *-n*, imagine, pittura. — 144, 189.

[i]mbalá, -áda, -ё́, -ádi, ubbriaco. — 69, 111.

[i]mbriák, -ga, -k, -gi, ubbriaco. — 76, 231.

[i]mparár, -á-, imparare. — 1, 240.

[i]mparti avv. pron. (in frasi dipendenti *i. ka*) come.

[i]mpiár, -i-, accendere. — 41, 97.

[i]mpisár-si, -i-, accendersi. — Muss. impiar (Note).

[i]mpiχinyár-si, -i-, impillaccherarsi.

[i]mplantulár, [i]mplántula, piantare ortaggi. — 69, 114.

[i]mplinér, IV b, empiere. — 76, 114.

[i]mpraštár, -ǫ́-, imprestare. — 27, 75.

imvę́rn m., *-ny*, inverno. — 27, 231.

in (im, iŋ secondo la cons. che segue) v. *int*.

ináydižnár m., *-r*, avanti pranzo. — 79, 107.

indaš m., *-š*, indice (dito). — 41, 75.

[i]ndré avv. e prp. dietro. — 22, 224.

[i]ndúia avv. dove. — 61, 215.

[i]nduinár, -i-, indovinare. — 82, 127.

[i]ndyinuχár-si, -ǫ́-, inginocchiarsi. — v. *dyinǫ́χ*.

[i]nfarfuiár-si, infarfǫ́ia, balbettare. — Dz. I. farfogliare.

infę́rn m. inferno. — 27, 79.

[i]nlá avv. via; *tirár inlá* far largo. — 1, 223.

[i]nsapalár, -ё́, intrigare, imbrogliare. — v. *sap*.

[i]nšanyár, -ǫ́-, insegnare. — 42, 192.

[i]nšę́ma avv. insieme. — 40, 134.

[i]nšiminí, -ida, -i, -idi, scimunito, scemo. — Dz. I. scemo.

[i]nšunyár-si, -ǫ́-, sognare. — 54, 102.

[i]nšurér-si, IV b, arrabbiarsi. — 93, 174.

int, in, avanti l' art. def. *inta*, prp. in. — 79, 144.

[i]nténdar, -i- (p. *intés*), intendere. — 32, 148.

[i]ntíndyar, -i-, tingere. — 41, 188.

[i]ntivár, -i-, indovinare, dar nel segno. — Boc. intivar; Gart. intupè; Biond. 2. intivàr.
[i]ntra prp. tra. — 69, 79.
[i]ntrék, -ga, -k, -gi, intero. — 22, 124.
[i]ntχíny m., *-y,* segno, moto. — Muss. cignar (S. 124).
inušár, -ǫ́-, inossare, dentare. — 54, 136.
inzigár, -i-, muovere a rissa.
[i]nganár, -á-, ingannare. — Dz. I. inganno.
[i]ṛgatiár, -í-, arruffare. — Muss. ingatiar.
[i]ṛglaχár, -á-, ghiacciare. — 121, 170.
[i]ṛgrašár, -á-, ingrassare. — 8, 136.
[i]ṛgrrár, -í-, augurare. — 61, 231.
[i]ṛkantár, -á-, incantare. — 8, 160.
[i]ṛkaštrár, -á-, incastrare. — Dz. I. cassa.
[i]ṛkarχár, -í-, incavicchiare. — 63, 118.
[i]ŋkó avv. oggi. — 52, 223.
[i]ṛkulár, -ǫ́-, incollare. — 54, 111.
[i]ṛkuntrár, -á-, incontrare. — 58, 85.
[i]ṛkusi, -ida, -i, -idi, penetrato e pieno di sudiciume. — Boe. incozzìo.
[i]ṛkvžár, -í-, i.-ši ýr rannicchiarsi. — 63, 118.
ištá m., *-á,* estate. — 1, 76.

ištéš, -ša, -š, -ši, istesso, pari. — 42, 79.
kadína f. catena. — 18, 196.
kafsǫ́t m., *-ǫ́χ,* calza. — 111, 170.
kaft, kávda, kaftχ, kávdi caldo. — 10, 160.
kaftχínya f. calce. — 69, 170.
kágula f. sterco ovino. — 1, 167.
kailáda f. presame (nella fabbricazione del cacio). — 69, 178.
káilu m. caglio. — 85, 178.
kaldr, -á-, calare. — 1, 160.
kaliéṛ m., *-r,* calzolajo. — 79, 181.
kaliéṛa f. calzolaja. — v. s.
kalíŋ m. filiggine. — 33, 192.
kalkány m., *-y,* calcagno. — 8, 102.
kalkár, -á-, premere. — 8, 160.
kalkulár, kálkula, calcolare. — 69, 91.
kalǫ́niga f. canonica. — 50, 221.
kámara f. camera. — 1, 75.
kamblár, -á-, unire provvisoriamente (p. e. stringere poco la fune sul carico). — v. *kambrár.*
kambrár, -á-, lessar poco (p. e. uova). — Per *kamblár* e *kambrár:* Azz. cambra (arpese), cambrar (unir con arpesi); Melch. cambrà (sprangare); Tir. cambra (arpese); Biond. 1. cambra (arpese); Biond. 2. cambràs (rapprendersi); Galv. cambrèrs (rapprendersi); cf. Gart. *krámpla.*

krivél m., *-éi*, crivello. — 27, 221.
kręśar, *-a-* (p. *krišť*), crescere. — 27, 138.
kręžar, *-a-*, (p. *kriztí*), credere. — 18, 105.
krudár, *-ę-*, *[dÿr]* cadere. — Asc. 59 curdar.
krumpár, *-ú-*, comprare. — 58, 124.
kruš f., *-š*, croce. — 61, 170.
krvf, *-va*, *-f*, *-vi*, crudo. — 59, 238.
kúa f. coda. — 46, 203.
kuadrél m., *-éi*, mattone. — 27, 175.
kuádru m., *-ri*, quadro. — 1, 175.
kudía f. quaglia. — Dz. I. quaglia.
kuánt, *-ta*, *-kuáχ*, *-ti*, quanto. — 8, 175.
kuánt avv. quando. — 8, 202.
kuár, *-ú-*, covare. — 61, 127.
k[u]aréžima f. quaresima. — 200, 224.
kuartár, *-ę-*, più usitato *kuaχár* v. qu. — 27, 210.
kuaχár, *-á-*, coprire. — 118, 123.
kudęr m., *-r*, corno (per la cote). — 9, 196.
kúdula f. involto.
kudulár, *kúdula*, avvolgere.
kuęrt m., *-tχ*, tetto (= *tęt*); coperchio. — 27, 210.
kuęrta f. coltre. — v. s.
kukíŗ, *-na*, *-ŗ*, *-ni*, prediletto. — it. cocchino.
kul, *kúla*, *krii*, *krili*, quello. — 83, 223.

kul m., *kúi*, colo (di latta). — 46, 111.
kuladór m., *-r*, colo (grande, di legno). — 46, 85.
kulár m., *-r*, collare (dei cavalli). — 1, 111.
kulár, *-ú-*, colare (p. e. latte dopo munto). — 85, 111.
kulasiúŋ f., *-ŋ*, colazione. — 46, 107.
kulór m., *-r*, colore. — 46, 85.
kulp m., *-p*, colpo. — 51, 111.
kulumía f. economia. — 144, 223.
kulúmp, *-ba*, *-p*, *-bi*, colombo, colomba. — 85, 214.
kum (*kun*, *kuŗ*, coll' articolo def. *ku'*) prp. con. — 91, 153.
kum m., *-m*, fontana (parola quasi antiquata).
kúm[a] = *kúme*, congi., come. — 46, 86.
kumandár, *-á-*, comandare. — 8, 85.
kumándula f. bandolo della matassa. — Boe. comando (corda sottile).
kumpány, *-ya*, *-y*, *-yi*, compagno, pari. — 8, 102.
kumpanyía f. compagnia. — 36, 102.
kumpári m., *-i*, compare. — 1, 76.
kumudár, *kǫmuda*, rappezzare, ristaurare. — 54, 85.
kumrnigár-si, *kumŕniga*, comunicarsi. — 79, 89.
kumúny m., *-y*, comune. — 59, 144.

kundanár, -*á-*, condannare. — 8, 156.
kunfašár, -*ę́-*, confessare, *k.-ši* confessarsi. — 75, 136.
kunšíliu m., -*ii*, consiglio *(= parér).* — 42, 97.
kunšilyár, kunšílya consigliare. — v. s.
kunšulasiúŋ f., -*ŋ*, consolazione. — 85, 107.
kuntár, -*ú-*, raccontare. — 58, 223.
kuntént, -ta, kuntéχ, kunténti, contento. — 27, 151.
kúntru prp. contra. — 58, 85.
kunvént n., -*éχ*, convento. — 27, 85.
kunyér, -*á-*, II, aver bisogno di (inf.), dovere. — 102, 226.
kunyę́šar, -*u-*, conoscere. — 27, 192.
kući̦ m., -*i*, secchio (per mungervi entro il latte). — Car. o. e. quegl.
kup m., -*p*, tegola. - 64, 209.
kúpu f. coppa (carta). — v. s.
kupíŋ m., -*ŋ*, nuca. — 33, 85.
kupúŋ m., -*ŋ*, scappellotto. — 46, 85.
kurpę́t m., -*ę́χ*, corpetto, busto. — 42, 85.
kurtél m., -*éi*, coltello. — 91, 221.
kušíŋ m., -*ŋ*, cuscino. — 170, 226.
kušt, kúšta, kuíštχ, kuíšti, questo (senza sostantivo). — 42, 223.
kuštár, -*ú-*, costare. — 58, 148.
kuštéra f. luogo aprico. — 9, 85.
kúžar, -*u-* (p. *kuží*), cucire. — 58, 148.

kužidýra f. cucitura. — 59, 148.
kužína f. cucina. V. anche *kužíŋ.* — 85, 170.
kužinár, -*i-*, cuocere. — v. s.
kužíŋ, -*na*, -*ŋ*, -*ni*, cugino, cugina. — 148, 226.
kvl m., *kvi*, culo. — 59, 111.
kv́na f. culla. — 59, 144.
kvnár, -*v́-*, cullare. — v. s.
kv́niu m., -*ii*, conio. — 61, 102.
kvníχ m., -*χ*, coniglio. — 89, 118.
kvnǫ́ta f. fossato. — Tir. clînèta.
kvnyá, -áda, -ę́, -ádi, cognato. — 85, 192.
kvrár, -*ę́*, nettare (i prati). — 59, 89.
kvχár m., -*r*, cucchiajo da mangiare. — 85, 118.
la avv. là. — 1, 223.
ladám m. latame. — 1, 75.
ladár, -ę́-, letamare. — 22, 196.
ládru m., -*ri*, ladro. — 85, 200.
lagár, -á-, lasciare, *l. víÿar* mostrare. — Dz. l. lasciare.
lágrima f. lagrima. — 1, 79.
lak m., -*k*, lago. — 1, 167.
lakę́t m., -*ę́χ*, movente, esca. — 42, 75.
lambikár, lámbika, stentare. — Tir. lambichs ol servèl; Boc. lambicár (penare).
lamp m., -*p*, baleno. — 8, 209.
lámpada f. lampa. — v. s.
lampaÿár, -ę́-, balenare. — 40, 96.
lána f. lana. — 1, 144.
lantę́rna f. lanterna. 27, 144.
lanyám m. legname. — 81, 192.
lápiš m., -*š*, lapis. — 1, 209.

láraš m., *-š*, larice. — 81, 170.
largá m. trementina. — 83, 163.
largę́sa f. larghezza. — 42, 188.
lark, -ga, -k, -gi, largo. — 8, 186.
lášta f. manico di rastrello. — 95, 229.
láštra f. battente della finestra. — Dz. I. lasto.
lat m. latte. — 8, 172.
láta f. latta. — 8, 193.
lavár, -á-, lavare. — 1, 127.
la[v]ór m., *-r,* lavoro, cosa fatta. — 46, 127.
la[v]orériu m., *-ii,* lavoro, lavorio. — 9, 84.
lávru m., *-ri,* labbro. — 85, 215.
la[v]urár, -ó-, lavorare. — 46, 127.
lent f., *-t,* lente. — 27, 151.
lęt m., *lęχ,* letto; strame. — 27, 172.
lévar m., *-r,* lepre. — 22, 210.
léyar, -i-, leggere. — 22, 189.
lézula f. slitta (per trasportare legna). — Schn. II. luesa.
líbru m., *-ri,* libro. — 40, 214.
ligár, -i-, legare. — 40, 181.
líma f. lima. — 33, 153.
limagár, límaga, abbruciar lentamente. — Boe. slimegar (grillare).
limár, -i-, limare. — 33, 153.
lintí, -ida, -i, -idi, affamato.
lintórn avv. incirca. — 58, 123.
liŋ m. lino. — 33, 144.
liŋgua f. lingua. — 41, 185.
liŋgę́r m., *-r,* lucertolone verde (lacertus viridis). — 71, 231.
lípara f. vipera. — 209, 229.

lisúl m., *-ói,* lenzuolo. — 79, 107.
lišia f. bucato. — 174, 240.
lišíva f. lisciva; bucato. — 33, 174.
lit f. *-t,* lite. — 33, 193.
livá m. lievito. — 1, 76.
livár, -é-, l. sv levarsi. — 22, 127.
liję́r, -ra, -r, -ri, leggiero. — 9, 100.
lǫ́dula f. lodola. — 68, 223.
lóra f. grande imbuto. — cf. *urél;* Muss. pidria (Note).
lęny m., *-y,* legno. — 42, 192.
lǫ́tra f. lettera; carattere. — — 42, 193.
lu̧ʒ f., *-χ,* canale (drenaggio). — Schn. I. leč.
luf m., *-f,* lupo. — 61, 211.
lukér m. minutissimi rimasugli del fieno. — Melch. lochèr (lolla); Biond. 1. lochèr (lolla).
luŋgę́sa f. lunghezza. — 107, 188.
luŋk, -ga, -k, -gi, lungo. — 58, 186.
luvdár, -á-, lodare. — 68, 238.
lrgánaga f. salciccia (altra sorte che *šalsísa).* — 89, 163.
li̯í m., *-i,* luglio. — 97, 219.
lm f., *-m,* lume. — 59, 153.
lrmíŋ m., *-ŋ,* lumicino (piccola lampa). — 33, 89.
lna f. luna. — 59, 144.
lrudí m., *-i,* lunedì. — 89, 224.
léžar, -r-, lucere. — 59, 170.
ma cong. ma. — 69, 190.
madǫ́na f. Madonna; suocera. — 54, 202.

maéstru m., *-ri*, maestro. — 42, 85.
máftru m., *-ri*, faina. — 10, 224.
magúŋ m., *-ṛ*, stomaco. -- germ.
mágru, *-ra*, *-ri*, *-ri*, magro. — 1, 173.
mái avv. mai. — 1, 190.
mái m., *-i*, incudine. — 8, 97.
maitináda f. mattinata. — 69, 224.
makáda f. battuta. — Dz. I. macco.
makáku m., *-ki*, sciocco.
makár, *-á-*, battere. — Dz. I. macco.
makarúŋ m., *-ṛ*, sciocco. Dz. II a. maccherone.
makíŋ, *-na*, *-ṛ*, *-ni*, stantio, muffido.
makiṛ m. muffa.
mákla f. cerchio di secchio: collare pel campanello. — 92, 120.
mal avv. male; *far mal* dolere. — 1, 111.
malá, *-áda*, *-é*, *-ádi*, ammalato. -- 1, 197.
malatía f. malattia — 36, 193.
malóra f. malora. — 46, 69.
malsilvérs invar. afflitto, dolente. — 27, 127.
málta f. smalto (dei muratori). -- 10, 111.
maltúŋ m., *-ṛ*, ammasso di smalto. — v. s.
máma f. mamma. — 8, 153.
mánaga f. manica. — 81, 163.
mának m. *-k*, manico. — 81, 167.
manarót m., *-óχ*, mannaja. — 54, 99.

mandár, *-á-*, mandare. — 8, 150.
mandrúŋ m., *-ṛ*, posto aperto per la gregge per la notte. — 46, 69.
manéra f. maniera. — 9, 92.
mantagána f. ratto. — Flc. II. 370 pantegana.
mántaš m., *-š*, mantice. — 81, 170.
mantinyér, *-é-*, II, mantenere. — 69, 76.
manyár, *-á-*, mangiare. — 89, 240.
manyár m., *-r*, cibo. — v. s.
manyaría f. mangiata (dei bachi da seta dopo la quarta muta); mangeria. — v. s.
maŋ f., *-ṛ*, mano. — 1, 144.
maŋkár, *-á-*, mancare. — 8, 152.
marandár, *-é-*, merendare. — 27, 75.
maraŋgíŋ m., *-ṛ*, napoleone. — 33, 75.
maráŋgula f. scusa inutile.
maraŋgúŋ m., *-ṛ*, falegname; legnajuolo, carpentiere. Dz. II a. marangone.
maravéia f. maraviglia. — 42, 97.
mardí m., *-i*, martedì. — 36, 226.
marénda f., merenda. — 27, 75.
margár, *-á-*, restare indigesto.
mári f., *-i*, madre. — 76, 200.
maridár-si, *-i-*, maritarsi. — 33, 196.
maríŋ m. grano saraceno. — Azz. marim (grano turco).
markurdí m., *-i*, mercoledì. -- 36, 75.
marlóš m., *-š*, lucchetto. — germ.
marlóta f. chiavistello (di legno). — Tir. marléta; Biond. 2. marlötta; Galv. marlètta.

maróķ m., -*k*, sasso sciolto. — Fle. II. 367 maroca.
marónya f. mucchio di sassi. — v. s.
mars m., -*s*, marzo. — 8, 107.
martél m., -*éi*, martello. — 27, 69.
martx̣, -*x̣a*, -*x̣*, -*x̣i*, marcio. — 8, 170.
martx̣ér, IV b, putrefarsi. — v. s.
mas m., -*s*, fascio, fastello. — 8, 107.
mās m., -*s*, vitello di due anni. — 89, 148.
máša avv. e agg. invar. troppo. — 8, 136.
mašadár, -*ǫ́-*, mischiare — 138, 240.
mašél m., -*éi*, pezzo duro di checchessia. — 27, 136.
mašéla f. mandibola. — 69, 174.
maštagár, *máštaga*, masticare continuamente (p. e. tabacco). — 81, 163.
máštak m., -*k*, pavimento di sassi o di terra. — Dz. I. piastra.
matél m., -*éi*, ragazzo. — Dz. II a. matto (2).
matéla f. ragazza. — v. s.
máza f. vitella di due anni. — 89, 148.
māzǫ́t m., -*ǫ́x̣*, vitello di un anno. — v. s.
māzǫ́ta f. vitella di un anno. — v. s.
mažanár, *mážana*, macinare. — 81, 170.
mažér, IV b, star troppo al fuoco (dei cibi).

max̣ m., -*x̣*, maggio. — 1, 96.
médar, -*i-*, falciare (biada). — 22, 196.
médiku m., -*isi*, medico. — 22, 85.
méi avv. (= *pv beny*) meglio (si dice anche *pv méi*). — 27, 97.
mel f. miele. — 22, 111.
mérlu m., -*li*, merlo. — 27, 85.
męs, *męza*, *męs*, *męzi*, mezzo; *męs* m. metà; *par męs a* per mezzo di. — 27, 105.
męzanǫ́t f., -*t*, mezzanotte. — v. s.
męzdi m., -*i*, mezzogiorno. — v. s.
midížina f. medicina. — 76, 170.
miga avv. (per rinforzare la negazione) mica. — 33, 163.
minár, -*i-*, menare. — 40, 79.
mígula f. briciola. — 33, 91.
minéla f. cestello (per trasportare erbaggi). — Azz. minella; Boc. minèla (molenda; mancia).
miš m., -*š*, mese. — 32, 148.
mišér m., -*r*, suocero. — 134, 171.
mištér m., -*r*, arte, mestiere. — 27, 226.
míula f. midolla. — 203, 240.
mižúra f. misura. — 59, 76.
mižurár, -*í-*, misurare. — 89, 148.
mol, -*la*, -*i*, -*li*, tenero, molle. — 54, 111.
mórbiu, -*ia*, -*ii*, -*ii*, morbido. — 85, 203.
mors m., -*š-*, morso freno. — 54, 136.
mort f. morte. — 54, 123.
męi m. miglio. — 42, 97.
mæla f. mola. — 52, 111.
mǫ́ša f. messa. — 41, 136.

mę́škul m., -ui, cucchiajo da cuocere, mestolo. — 42, 138.

mę́tar, -a- (p. mití), mettere; m. še l dÿuf aggiogare. — 42, 193.

má[v]ar, -u- (1. pl. muigúm, p. mul), muovere. — 52, 127.

muivím m., -m, parte superiore del cranio. — 85, 97.

muk, -ka, -k, -ki, stupefatto, stordito. — Tir. móc; Biond. 1. moc; Car. mucc.

mulár, -æ-, arrotare. — 52, 111.

mulinę́r m., -r, mugnajo. — 9, 79.

mulinę́ra f. mugnaja. — v. s.

mulíŋ m., -ŋ, molino. — 33, 85.

múnaga f. monaca. — 51, 81.

múnak m., -k, sagrestano. — v. s.

munéda f. moneta. — 18, 85.

múndÿar, -u-, mungere. — 64, 188.

munt m., müχ, montagna; podere su d'una montagna. — 58, 151.

munt m. mondo. — 64, 150.

muntúŋ m., -ŋ, montone. — 111, 234.

murér, -æ- (p. mǫrt) morire. — 52, 123.

muršaydr, mǫ́ršaga, mordere. — 81, 163.

musǫ́ta f. pedule. — 42, 107.

múška f. mosca. — 64, 138.

muškúŋ m., -ŋ, pecchione. — 46, 91.

muškúrdula f. frutto del berbero.

muχíny m. spurgo del naso, moccio. — 91, 170.

muχinyúš, ža, š, ži, moccicoso. — v. s.

mrdár-ši, -ć-, mutarsi. — 59, 196.

mrk m., -k, pino (pinus Mughus?).

mŕklu m., -li, mucchio. — Dz. II a. mucchio.

mrl m., mći, mulo. — 59, 111.

mŗr m., -r, muro. — 59, 123.

mvradór m., -r, muratore. — v. s.

mvrár, -ę́-, murare. — v. s.

mrš m. -š, muso; faccia. — 55, 126.

mŕša f. asina. — Boe. musso; Alt. muš; Gart. mušát; Biond. 2. muss.

mrt, -ta, -χ, -ti, muto. — 59, 193.

mvžár, -ć-, muggire. — 89, 122.

mrž́ŕra, mržrrár = mi...

mrχ m., -χ, mucchio; quindicina (di covoni). — v. mŕklu.

mŕχa f. mucchio. — v. mŕklu.

nadál m. natale (festa). — 1, 196.

nagár, -é-, negare. — 22, 181.

nar vb. irr. andare; nar-š-an andarsene. — Dz. I. andare.

naš m., -š, naso. — 1, 136.

nášar, -a-, nascere. — 8, 138.

nášta f. odorato. — 83, 193.

naštár, -d-, fiutare. — v. s.

natár, -ę́-, nettare. — 42, 193.

naúi m., -ú, nipote (m.). — 75, 210.

naúda f. nipote (f.). — v. s.

nębla f. nebbia. — 27, 115.

nef f. neve. — 40, 131.

négru, -ra, -ri, -ri, negro. — 40, 85.

nŗrf m., -f, tendine. — 27, 131.

nęt, -ta, -χ, -ti, netto. — 42, 193.

niál m., -ái, guardanidio. — 79, 203.

nigiláłk avv. in nessun luogo. — 52, 226.

nigusiánt m., *-áχ*, mercante. — 8, 107.

nigusiár, nigósia, negoziare. — 58, 107.

nigút[a] pron. ind. nulla. — 64, 193.

nigény, -na, nessuno. — 76, 167.

níu m., *núi*, nido. — 33, 85.

nisár, -í-, manomettere (p. e. il pane, il cacio). — 42, 223.

no avv. no. — 46, 144.

nóna f. nonna. — 54, 144.

nónu m., *-ni,* avo. — 85, 144.

nósi f. pl. nozze. — 64, 107.

not f., *-t,* notte. — 54, 172.

næf, nóa, næf, nói, nuovo; *da næf* di nuovo. — 52, 127.

nóra f. nuora. — 61, 123.

nu neg. non. — 85, 144.

nuémbar m., *-r,* novembre. — 27, 228.

num m., *-m,* nome. — 46, 153.

núma avv. soltanto. — 85, 190.

nuš f., *-š,* la noce; il noce. — 61, 170.

nurís, -sa, -s, -si, fidanzato, fidanzata. — 85, 105.

nuźéla f. malleolo. — 91, 170.

nya avv. neanco. — 69, 102.

nyamú avv. peranco. — 85, 102.

nyaúny, -na nessuno, neanche uno. — v. *nya.*

nyi — nyi cong. nè — nè. — 102, 238.

nyúkla f. pecora che non ha ancora figliato. — 120, 223.

nyuránt m., *-áχ,* ignorante. — 8, 223.

négul. -la = névul, -la.—59,129.

némaru m., *-ri,* numero. — 61, 85.

nut, -da, -χ, -di, nudo. — 59, 202.

nú[v]ul, -la, -i, -li, nuvoloso. — v. *négul.*

nú[v]ula f. nuvola. — v. s.

óiu m. olio. — 54, 97.

óka f. oca. — 162, 224.

om m., *ómany,* uomo; marito. — 50, 81.

ónyi pron. ind. ogni. — 54, 238.

onyény pron. ind. ognuno. — v. s.

or m., *or,* orlo. — 46, 123.

or m. oro. — 68, 123.

óra f. ora. — 46, 95.

órbu, -ba, -bi, -bi, cieco. — 54, 85.

órdan m. ordine. — 58, 81.

órgan m., più frequente nel plur. *órgany* organo. — 54, 69.

órna f. (misura di vino) 48 boccali (austr. ant.).—64, 144.

ors m. orzo. — 95, 105.

orš m., *-š,* orso. — 64, 136.

ort m., *-tχ,* orto. — 54, 95.

oš m., *oš,* osso. — 54, 136.

ošt m., *-tχ,* oste. — 95, 226.

oχ m., *oχ,* occhio. — 54, 118.

œf m., *œf,* uovo. — 52, 131.

ósa voce usata per cacciare avanti i giumenti. — Dz. 11 a. izza.

óvra f. opera, giornata; giornaliere. — 52, 210.

padéla f. padella. — 69, 196.

padrúna f. padrona. — 46, 200.

padrúŋ m., *-ṛ,* padrone. — v. s.

paér, IV b, digerire; pagare il fio. — 69, 197.

pagár, -á-, pagare — 1, 163.

paia f. paglia. — 8, 97.

país m., *-š*, paese: villaggio. — 148, 190.

paiuláda f. puerpera. — v. *páia*.

paižíḱt m., *-ǵχ*, villaggio. — 148, 190.

pal m., *pái*, palo. - — 1, 111.

pála f. pala. — 1, 111.

palátu m., *-ti*, palato. — 85, 193.

palina f. mucchio di sassi, pietrame. — 33, 81.

pálmula f. forca di legno (per spargere fieno o letame). — 8, 91.

palméχ m., *-χ*, palma della mano. — 69, 170.

palpár, *-á-*, tastare. — 8, 209.

palpéra f. palpebra. — 22, 240.

pálta f. = *paltáṇ*. — v. *puχár*.

paltáṇ m. fango, melma. — v. *puχár*.

palé f., *-í*, palude. — 59, 203.

pampóla f. getti d'albero d'un anno. — Boe. pola (o largo); Dz. II a. pollare.

panarís m. panereccio. — 42, 107.

panéra f. madia. — 9, 69.

panyáka m., *-ki*, ragazzo grasso ma di poco talento. — Boe. bocca da pagnoche (gozzo preparato a mangiar molto pane).

paṇ m. pane. — 1, 144.

pápa m., *-pi*, papa. — 1, 209.

par m., *-r*, pajo. — 1, 123.

par prp. per. — 75, 123.

paradís m. paradiso. — 33, 136.

parantéla f. parentela. — 18, 75.

parár, *-á-*, *p. iá* parar via, *p. sa* incitare (i buoi). 1, 123.

paré f., *-í*, sei bracci (già misura di tessuti). — 18, 69.

parént, *-énta*, *-éχ*, *-énti*, parente. — 27, 69.

parér, *-í-*, II, parere. — 1, 123.

parér m., *-r*, parere, consiglio. — v. s.

parfundár, *-ú-*, scialacquare. — 64, 150.

pári m., *-i*, padre. — 76, 200.

pariána f. parete di mezzo. — 76, 197.

parlár, *-á-*, parlare. — 226, 240.

parlár, m., *-r*, linguaggio. — v. s.

parmétar, *-a-* (p. *parmitú*), permettere; promettere. v. *métar*.

parnigút[a] avv. per nulla, invano. — v. *nigút*.

paróla f. parola. — 68, 215.

paról m., *-ói*, pajuolo (per far polenta, lessare patate). — 52, 99.

part f., *-t*, parte. — 8, 193.

páruku m., *-ki*, parroco. — 85, 167.

parzíf f., *-f*, mangiatoja. — 67, 133.

pasár, *-é-*, rappezzare. — Dz. 1. pezza.

pási f., *-i*, pace. — 76, 170.

paš, *-ša*, *-š*, *-ši*, appassito. — 8, 136.

paš m., *-š*, passo. — 8, 136.

pašandumáṇ avv. posdomani. — 79, 86.

pasár, *-á-*, passare. — 8, 136.

pášara f. passero. — 75, 136.

páskua f. pasqua. — 138, 228.

páskul m., *-ui*, pascolo. — 91, 138.

paškulár, páškula, pascere. — v. s.

paštór m., -*r*, pustore. — 46, 142.

paštrýk m., = *paχarýk*, fango. — 142, 220.

patáia f. parte inferiore della camicia. — Tir. pata (panno lino); Biond. 1., 2. pataja; Galv. pata (brachessa); Dz. I. patta.

patanár, pętana, pettinare. — 75, 172.

patáta f. patata. — Dz. II b. patata.

patvfiár-si patęfia, percuotersi. — Boe. petufar; Gart. petè; Car. o. e. patüfler.

pávar m. papavero. — 75, 223.

páyina f. pagina. — 79, 189.

páχa f. ventre. — 8, 151.

paχáda f. calcio, pedata. — Dz. I. pacciare.

paχadár, -á-, p. šv dar calci. — v. s.

paχadúŋ m., -*ŋ*, = *paχáda*. — v. s.

paχarýk m., fango. — it. pacchiarina, pacciame.

paχér-si, -á-, IV b, (p. *paχę́*), satollarsi. — it. pacchio.

paχę́ta f. polpa della gamba. — v. *páχa*.

paχę́, -éda, -ę́, -ędi, satollo, pasciuto. — v. *paχér*.

paχę́da f. satollamento. — v. s.

paχęgár, -ę́-, lavorare male.

paχęgúŋ m., -*ŋ*, chi lavora male.

pę m., *pe*, piede. — 18, 203.

pedartík m., -*k*, = *trabukél*.

pęgru, -ra, -ri, -ri, pigro. — 40, 85.

pęit m., -*iχ*, poppa della vacca. — 27, 172.

pel f., -*l*, pelle; sciavero (asse). — 27, 111.

per m., -*r*, pero; pera. — 40, 123.

pęrdar, -a-, perdere. — 27, 75.

pęrna agg. f. picchiettata di bianco (della gallina). — Lomb. sparniclar (tupfen); Car. parniclaus (gesprenkelt); Conr. parniclar (tüpfeln).

pęs m., -*s*, pezzo; *l e η gram pęs* gran pezzo fa. — Dz. I. pezza.

pęsa f. pezza. — v. s.

pętan m., -*ŋ*, pettine. — 27, 172.

pévar m. pepe. — 40, 210.

pidga f. piaga. — 1, 114.

piánta f. pianta, vegetale. — 8, 114.

piát m., -*áχ*, piatto, tondo. — Dz. I. piatto.

pięf f., -*f*, parrocchia. — 18, 118.

píka f. grappolo. — Melch. picaia (più grappoli d'uva ecc.).

pikęta f. piccolo grappolo. — v. s.

pil m., *píi*, pelo. — 40, 111.

píla f. cumulo. — 40, 111.

piláі m., -*i*, ravagliatore (per scorzar l'orzo). — 79, 111.

pilár, -í-, pelare; cogliere la foglia dei gelsi; *p. iá* trar di mano il più che si può colle buone. — 40, 111.

pilęta f. bargiglione della capra. — 54, 79.

pinél m., *-éi*, pennello. — 27, 76.
pintér-si, *-é-*, IV, pentirsi. — 27, 151.
pintikýsti f. pl. pentecoste. — 79, 142.
pinyáta f. pignatta. — 79, 102.
piŋ m., *-ŋ*, pino. — 33, 144.
piǫna f. pialla. — 4, 114.
piǫχ m., *-χ*, pidocchio. — 118, 203.
piriár, *píria*, scommettere. — Schn. I. piria.
piról m., *-ói*, piuolo. — Fle. II. 313. piuolo.
pirúŋ m., *-ŋ*, forchetta. — v. s.; Schn. I. pirom.
pisúm m. rimasuglio di granaglie. — Dz. I. pezza.
pis m., *-s*, (peso antiquato) 15 libbre viennesi. — 32, 148.
pisár, *-i-*, pensare. — 32, 148.
pit m. broncio. — Dz. I. pito.
pitár-si, *-i-*, imbronciarsi. — v. s.
pitók m., *-k*, mendico. — Dz. II a. pitocco.
pitvrár, *-ę́-*, dipingere. — 59, 172.
pizár, *-i-*, pesare. — 32, 148.
pizul m., *-ui*, piccolo sonno. — Schn. 1. pisol.
pizulár, *pizula*, far un piccolo sonno. — v. s.
piχínya f. fango. — v. *paχarǫk*.
píχul, *-la*, *-i*, *-li*, piccolo. — Dz. I. piccolo.
plagár, *-é-*, piegare. — 40, 114.
plána f. grosso tronco. — 1, 114.
plándyar, *-a-*, piangere. — 114, 188.

plantána f. pianta del piede. — 69, 114.
plaŋ m., *-ŋ*, pianura. — 1, 114.
plázur, *-a-*, piacere. — 114, 170.
plésa f. soffitta. — Schn. I. spreoza.
plefsát m., *-áχ*, la parte superiore della soffitta. — v. s.
pléga f., piega. — 40, 114.
pliŋ, *-na*, *-ŋ*, *-ni*, pieno. — 18, 114.
plǫf m., *-f*, aratro. — germ.
plǫ́[v]ar, *-u-* (3. sg. al *plǫf*, p. *plui*), piovere. — 52, 127.
plump m. piombo. — 64, 214.
plúma f. calugine, piuma. — 59, 114.
pǫ avv. dunque (molto frequente nella proposizione interrogativa). — 84, 142.
pǫk, *-ka*, *-k*, *-ki*, poco. — 68, 167.
pǫ́la f. ramicello. — v. *pampǫ́la*.
pǫlas m., *-s*, pollice; arpione, ganghero. — 81, 170.
pǫp m., *-p*, fanciullo, bambino. — Dz. I. poppa.
pǫr m., *-r*, verruca. — 54, 123.
pǫ́ra f. paura, *avér p.* temere, *far-gi p.* spaventare, *tχapár p.* spaventarsi. — 127, 240.
pǫ́rta f. porta. — 54, 193.
pǫdarsǫ́m m. prezzemolo. — 22, 240.
pę́na f. penna, piuma. — 42, 144.
pæny m., *-y*, posta, pegno. — 42, 192.
pęs m., *-s*, pesce. — 42, 138.
pę́ta f. colpo, *dar pę́ti* battere (qualcheduno). — Tir. pe-

tagle a ü; Biond. 1. petà (applicare); Boe. petàr de le bastonae; Alt. peté; Gart. petè.
prẓ avv. (= pu mal) peggio. — 18, 96.
pǫẓ m., -ẓ, abete rosso (pinus excelsa). — 42, 170.
pra m., prę, prato. — 1, 197.
pradikár, prędika, predicare. — v. prędiga.
pragár, -é-, pregare. — 22, 163.
préda f. cote. — 22, 124.
prędiga f. predica. — 22, 163.
pręši m., -i, prezzo. — 27, 107.
pręša f. fretta, premura. — 27, 136.
prévat m., -aẓ, prete. — 27, 215.
prišípiu m. principio. — 85, 170.
proibér, IV b, vietare. — 84, 215.
prǫšt avv. presto, subito; far p. affrettarsi. — 27, 142.
pru[v]ár, -ó-, provare. — 52, 215.
prim, -ma, -m, -mi, primo; prim da l an primo giorno dell'anno. — 59, 153.
príma avv. prima. — v. s.
primavéra f. primavera. — 18, 127.
pudér vb. irr. potere. — 85, 196.
púfša f. luogo di riposo. — 68, 238.
pufšár. -ú-, riposarsi. — v. s.
puiána f. astore. — Schn. I. pojana.
puína f. ricotta. — Schn. I. poina.
puládru, -ra, -ri, -ri, poledro, poledra. — Dz. I. poledro.

pulénta f. polenta. — 85, 151.
pulmúṇ m., -ṇ, polmone. — 46, 91.
púlpa f. polpa. — 64, 209.
pulš m., -š, tempia. — 64, 111.
púltru, -ra, -ri, -ri, putrido. — Dz. I. poltro.
púlvar f., -r, polvere. — 64, 127.
pum m., -m, melo; mela. — 46, 153.
punt m., pũẓ, punto (d' ago). — 64, 152.
punt m., pũẓ, ponte. — 58, 151.
pupái m. babbo. — 70, 240.
purǫ́t, -ta, -ẓ, -ti, povero. — 42, 210.
purtár, -ǫ́-, portare. — 54, 193.
purtẓél m., -éi, porco. — 85, 170.
purtẓelíṇ m., -ṇ, porcello. — v. s.
pus m., -š, pozzo. — 64, 107.
púsa f. letamajo. — v. s.
pušiúṇ f., -ṇ, possessione, podere. — 101, 224.
pužíṇ, -na, -ṇ, -ni, pulcino, pulcina. — 18, 170.
puẓár, -ú-, immergere. — Melch. pociá; Tir. puciá; Boe. pochio (poltiglia); Dz. I. pantano.
pu avv. più. — 59, 114.
pńtu m., -ti, punto (in iscritto). — 64, 85.
piny m., -y, pugno. — 63, 192.
pir avv. pure. — 59, 123.
pirgatǫ́ri m. purgatorio. — 99, 193.
piš m., -š, pulce. — 63, 170.
pižél m. il salso della pelle; lat p. latte fatto emettere

alle bestie artificialmente orticandone le poppe.
rabér, IV b, arrabbiare. — 69, 109.
radáblu m., *-li*, zappa di muratori. — 90, 196.
rafanáš m. disordine.
ragaí, *-ida*, *-i*, *-idi*, rauco. — Biond. 1. enregaìs (divenir rauco); Alt. graot; Car. u. e. rac; Biond. 2. ragajèra (raucedine); Galv. aragajìr (arrocare).
ragái m. raucedine. — v. s.
raligrár-si, *-é-*, rallegrarsi. — v. *alégru*.
rom m., *-m*, ramo. — 1, 153.
ram m. rame. — 1, 223.
rána f. rana. — 1, 144.
rányaš m., *-š*, valore antiquato (= 4 *truŋ*). — germ.
rányul m., *-ui*, ragno. — 102, 223.
rapatár, *-ę́-*, non istar mai ozioso. — Melch. rapotà (lavorar senza diligenza); Boe. repetarse (rimpannucciarsi); Gart. repetóus (halsstärrig).
rasagár, *-é-*, segare. — 22, 75.
rasagǫ́ta f. sega a mano. — v. s.
rasagę́m m. segatura. — v. s.
rastalár, *-é-*, rastrellare. — 27, 142.
rastár, *-ę́-*, restare. — 27, 142.
rastél m., *-éi*, rastrello. — 27, 142.
ráva f. rapa. — 1, 210.
ráža f. ragia. — 8, 101.
ražúŋ f., *-ŋ*, ragione. — 46, 107.
rę m., *re*, re. — 18, 190.

rę f., *rę*, rete. — 18, 197.
rédina f. redine. — 22, 196.
rę́la f. pecorile; porcile. — 27, 223.
réndar, *-i-*, rendere. — 27, 231.
ri m., *ri*, rivo. — 33, 131.
rigalár, *-á-*, regalare. — Dz. I. regalare.
rigatár, *-á-*, vomitare; *rigatá* stentato, macilente. — 76, 160.
riguarér, IV b, raccattare. — v. *guarér*.
rigurdár-si (anche *rik* . . .), *-ǫ́-*, ricordarsi. — 54, 166.
rik, *-ka*, *-k*, *-ki*, ricco. — 41, 162.
rilía f. sfortuna (nel giuoco). — Melch. rilía; Tir. arléa (nausea, ubbia); Biond. 1. rilìa Car. e. arlía (Zwietracht); Galv. arlía (malessere).
rimagár, *rímaga*, ruminare. — 59. 181.
rintχindr-si, *-i-*, attrarsi. — v. *intχíny*.
riŋgrasiár, *riŋgrásia*, ringraziare. — 8, 107.
riŋkrę́šar, *-a-* (p. *riŋkrišč*), rincrescere. — v. *krę́šar*.
ris, *-sa*, *-s*, *-si*, arricciato. — 42, 223.
rispúndar, *-u-*, rispondere. — 58, 150.
ristχár, *-i-*, arrischiare. — 22, 118.
ristχu m. rischio. — v. s.
rivár, *-í-*, arrivare. — 33, 210.
rížaga f., *na r.* un poco. — 22, 134.

riχévar, -i-, ricevere. — 40, 169.
rǫ́ba f. roba. —. 68, 215.
rǫ́ia f. scrofa. — Azz., Tir. e
Biond. L roja.
rǽda f. ruota. — 52, 196.
rǽda f. ruta (pianta). — 59, 196.
rǫklaÿár, -ǫ́-, origliare. — 40,
120.
rǫ́pula f. ruga (della fronte).
— Melch., Tir., Biond. L e
Lomb. raga; Boe. rapa o frapola; Car. rabaglia, e. rapla;
Conr. rubaglia; Biond. 2.
rŭpia.
rǽža f. rosa. — 52, 136.
rǫ́χa f. orecchio. — 40, 118.
rúar m., -r, quercia. — 46, 215.
rubár, -ǫ́-, rubare — v. rǫ́ba.
rúnfa f. sequela; tutte le carte
da giuoco dello stesso seme.
— Tir., Boe. e Galv. ronfa.
runfár, -ú-, russare: dispor le
carte da giuoco. — v. s.;
Dz. L ronfiare.
rúmpar, -u- (p. rut), rompere.
— 64, 209.
rúndula f. rondine. — 64, 223.
ruš, -ša, -š, -ši, rosso. — 64, 136.
ruštér, IV b, arrostire. — 85, 142.
rut, -ta, -χ, -ti, rotto, stracciato. — 64, 213.
ružáda f. rugiada. — 85, 136.
rvár, -é-, terminare. — 33, 210.
rvmár, -é-, grugnire. — Melch.
röma (rivoltolare); Tir. romà
(borbottare), rom (romorio):
Boe. e Biond. 2. rumàr (grufolare); Lomb. römiar: Biond.
2. rümè (grufolare).

rvš, -ša, -š, -ši, lesto. — Biond.
L rŭzà (urtare).
sakanár, sę́kana, banchettare.
— germ.
sakár, -á-, masticare. — Schn.
L zaccar.
sampátula f. pianella.
saŋk, -ka, -k, -ki, sinistro. —
Dz. II a. zanco.
sap m., -p, rospo; cosuccia da
nulla. — Fle. III. 167 zapell.
sápa f. zappa, sarchio — Dz.
L zappa.
sapalár, -é-, imbrogliare, intrigare. — v. sap.
sapár, -á-, sarchiellare. — Dz.
L zappa.
sapél m., -éi, imbroglio. — v.
sap.
sapúŋ m., -ŋ, zappone, piccone.
— Dz. L zappa.
sédar, -i-, cedere. — 18, 169.
sę́kana f. = gäzę́ga. — germ.
sęrt, -ta, -tχ, -ti, certo, tale. —
27, 169.
si f. pl. cigli. — 42, 97.
sibę́nar m. grano saraceno (sorta
inferiore).
sígula f. cipolla. — 91, 210.
silę́št, -ta, -tχ, -ti, azzurro. —
76, 169.
simintár, -é-, s. fǫ cernere. —
Dz. II a. cimento.
simitę́riu m., -ii, cimitero. —
99, 169.
siŋgun m., -ny, zingaro. — 107,
152.
siŋganár, siŋgana, girare di continuo. — v. s.

sipanía f. miseria.
sírka avv. incirca. — 42, 169.
siróṭ m., -óχ, empiastro. — 76, 169.
sitá f., -á, città. — 169, 193.
siža f. siepe. — 22, 169.
sǭp m., -p, trappola (faine, volpi, orsi). — 42, 209.
sudí m. pl., *far-ši i s.* altalenare; sdrucciolare sul ghiaccio.
súla f. coreggia. — Muss. azolar.
sṿkál m., -ái, scoglio, roccia.
sṿkúṇ, m., -η, balordo. — Dz. I. cucuzza.
šablúṇ m. sabbia. — 46, 115.
šábu m., -bi, sabato. — 85, 214.
šaftár, -á-, saltare. — 10, 134.
šagadór m., -r, falciatore. — 46, 196.
šagála f. segale. — 1, 75.
šagár, -é-, falciare (l' erba). — 22, 163.
šagrinár, -í-, spaventare. — Dz. II c. chagrin.
šagríη m., -η, spavento. — v. s.
šaiǫ́ṭ nella frase: *l va rvs kúma n šaiǫ́ṭ* egli va lesto come un fulmine. — 42, 190.
šaiǫ́ṭa f. saetta, folgore. — v. s.
šak m., -k, sacco. — 8, 167.
šakár, -ǫ́-, seccare. — 42, 162.
šal m. sale. — 1, 111.
šála f. sala, salone. — 1, 111.
šalabrí, -ída, -i, -ídi, troppo salato.
šalaméra f. salamoja. — 61, 99.
šaláš m., -š, salasso. — 174, 226.
šálaš m., -š, salice. — 81, 170.
šalašár, -á-, cavar sangue. — v. *šaláš*.

šalížu m., -ži, selciato.
šalǫ́χa f. salice selvatico (altra specie che *šálaš*). — 42, 170.
šalšísa f. salciccia. — Dz. 1. salsa.
šaltamartíṇ m., -η, cavalletta. — 33, 69.
šalút m., -úχ, saluto. — 59, 193.
šalvár, -á-, salvare, difendere. — 8, 127.
šant, -ta, šaχ, -ti, santo. — 8, 152.
šantár, -é- e *-ǫ́-*, far sedere, *ǫ́šar šantá* sedere. — 27, 226.
šaη, -na, -η, -ni, sano. — 1, 144.
šaηk m. sangue. — 8, 186.
šarár, -ǫ́-, serrare, chiudere. — 22, 123.
šarmántaga f. salamandra. — 111, 220.
šartór m., -r, sartore. — 69, 193.
šartχél m., -éi, sarchio. — 69, 118.
šarúη m. siero. — 75, 123.
šaš m., -š, sasso. — 8, 174.
šatémbar m., -r, settembre. — 27, 228.
ša[v]ér vb. irr. sapere. — 69, 210.
ša[v]ór m., -r, sapore. — 46, 210.
šovrár, -á-, vagliare (col val). — 18, 210.
šavúη m., -η, sapone. — 69, 210.
šažúη nella frase *manyár di š.* mangiar mentre il cibo è caldo. — Dz. II c. saison.
šaí m., -í, sambuco. — 215, 226.
še avv. sì (afferm.). — 33, 167.
šę f. rete. — 40, 197.
šef m. sego. — 18, 216.
šéga f. sega. — 22, 163.

šḗla f. sella. — 27, 111.

šḗmplis, -sa, -s, -si, semplice; stupido. — 114, 170.

šémpru avv. sempre. — 27, 239.

šéra f. sera. — 18, 123.

šḗsa prp. senza. — 107, 223.

šḗžu m., -ži, senso. — 27, 85.

šfaftχáda f. falciata (un colpo di falce). — 111, 170.

šfḗta f. fetore.

šfišadį́ra f. fessura. — 136, 196.

[š]flaŋkį́yin m., -ny, sproposito. — Dz. I. fianco.

šfturér, IV b, frollare (la carne); star esposto al freddo. — Dz. II a. frollo.

šfóⁱi m., -i, foglietto. — 55, 97.

šfrigı́sula f. briciola. — Muss. freguzola.

šfrigısulár, šfrigísula, ridurre a briciole. — v. s.

šfudigár, šfúdiga, lavoracchiare. — Azz. sfodegar (frugare); Melch. sfadigàs (affaticarsi).

šfulizár, -é-, calpestare (erbe). — Boc. folàr.

šfursiŕ m., -ŕ, corda, cordicella. — 85, 107.

si, ša, cong. se. — 81, 134.

šidá, -áda, -ḗ, -ádi, assetato. — 196, 223.

šída f. seta; setola (d'un porco). — 18, 196.

šidrá, -áda, -ḗ, -ádi, macilento, stentato. — 79, 202.

šigḗr, -ra, -r, -ri, sicuro. — 76, 167.

šigḗr f., -r, scure. — 76, 167.

šigırtá f. sicurtà. — 76, 193.

šintér, -é-, II, sentire; udire. — 27, 151.

šintér m., -r, sentiero. — 9, 76.

šinyór, = šinyoridiu, m. Iddio. — 85, 102.

šiór m., -r, signore. — 76, 226.

širíŋ, -na, -ŋ, -ni, sereno. — 18, 76.

šit m., šiχ, sito, luogo; nt' in áftru šit altrove. — 40, 193.

šitíl, -la, -i, -li, sottile. — 89, 217.

škaiár, -á-, piallare. — 97, 138.

škaiaról m., -óⁱi, piccola pialla. — v. s.

škaiúŋ m., -ŋ, pietra tagliata. — v. s.

škála f. scala. — 1, 138.

škáltru, -ra, -ri, -ri, furbo, astuto. — Dz. II a. scalterire.

[š]kambiár, [š]kámbia, cambiare. — 79, 160.

škampár, -á-, scappare. — 69, 223.

škandái m., -i, scandaglio. — 8, 97.

škandaiár, škandáia, scandagliare. — v. s.

škándula f. scandola. — 91, 138.

škapasár, -á-, schiaffeggiare. — 107, 209.

škapasúŋ m., -ŋ, schiaffo. — v. s.

škapíŋ m., -ŋ, nottola.

škarbı́sa f. scintilla.

škarbisár, -i-, scoppiettare (del legno ardente).

škárpa f. scarpa. — 8, 209.

škarpalár, -é-, scarpellare. — 27, 221.

škarpél m., *-éi*, scarpello. — v. s.
škavár, *-á-*, scavare. — 127, 223.
škavdár, *-á-*, scaldare. — 10, 223.
škilát m., *-áχ*, scojattolo. — 226, 234.
škína f. dorso, *fil da la š.* spina. — 40, 138.
škinúṛ m., *-ṛ*, poltrone. — v. s.
škǫ́rsa f. scorza. — 54, 168.
škǫ́ta f. siero (guadagnato mediante caglio). — 172, 223.
ška̋dar, *-u-*, abbatacchiare (marroni). — 61, 196.
ška̋la f. scuola. — 52, 138.
škrapár, *-ę́-*, rompere, spezzare. — Muss. creto.
škrívar, *-i-* (p. *škrit*), scrivere. — 33, 215.
škúa f. granata. — 46, 210.
škuašakúa f. coditremola. — 136, 175.
škudži avv. quasi. — 79, 175.
škudḗr, *-d̄-*, II, riscuotere (debiti). — v. *ška̋dar*.
škudmái m., = *škutűm*. — 97, 193.
škuftár, *-ú-*, ascoltare. — 111, 223.
škuiχár, *-í-*, battere i covoni contro il muro prima di trebbiare. — Tir. descŏcà (sb. per descŏ́cà; smallare, snocciolare).
škulár m., *-r*, scolare. — 8, 85.
škulára f. scolara. — v. s.
škuluṛgár-ši, *-ú-*, affaticarsi di troppo. — Tir. colonga (palo ecc.).

škumùs[i]ár, *-í-*, cominciare. — 107, 240.
škumǫ́tar, *-a-* (p. *-mití*), scommettere. — v. *mǫ́tar*.
škúndar, *-u-*, nascondere. — 58, 223.
škundýčbla f. moltitudine. — Flc. III. 130. sconzubia.
škurtár, *-ó-*, accorciare. — v. *kort*.
škurtirǿl m., *-ǿi*, scorciatoja. — v. s.
škutrisár, *-í-*, cucinar cibi delicati.
škutǘm m. sopranome. — 111, 223.
škṛdę́la f. scodella (fittile). — 27, 89.
škṛdilǫ́t m., *-ǫ́χ*, scodella, piatello. — v. s.
škṛr, *-ra*, *-r*, *-ri*, scuro. — 59, 223.
škṛria f. frusta. — Dz. I. scuriada.
škṛžár, *-ú-*, scusare. — 89, 136.
škṛχár, *-ú-*, schiacciare.
šǫ́ka f. veste ordinaria da donna contadina. — Dz. I. giaco.
šǫ́ldu m., *-di*, soldo; *šǫ́ldi* denaro. — 85, 134.
šǫ́ma f. carico di venti stai o 14 *piš*; se si tratta di biada, 16 *piš* o 2½ moggi. — 10, 136.
šǫn m., *-ny*, suono. — 50, 144.
šǫn m., *-ny*, sonno. — 54, 156.
šǫny m., *-ny*, sogno. — 54, 102.
šóra avv. e prp. sopra. — 61, 210.

šorķ m., -*š*, sorcio. — 46, 170.
šort, -*da*, -*tχ*, -*di*, sordo. — 64, 202.
šǫrt f., -*t*, sorta. — 54, 193.
šosietá f. società. — 84, 170.
šǫķ, -*ka*, -*k*, -*ki*, secco, arido. — 42, 167.
šóła f. suola; cuojo. — 52, 111.
šǫ́lva f. selva (di coniferi). — 42, 127.
šǫ́ny m., -*y*, segno. — 42, 192.
šǫ́ny part. (per rinforzare la negazione) punto, del tutto. — v. s.
šǫ́χa f. secchio (per l'acqua). — 42, 118.
špáda f. spada (carta). — 1, 196.
špak m., -*k*, spago. — Dz. II a. spago.
špála f. spalla. — 8, 197.
španár, -*á*-, levare le foglie inutili agli ortaggi.
šparér, IV b, scomparire. — 69, 223.
špárdyar, -*a*-, spargere. — 8, 188.
špartér, IV b, spartire. — 69, 223.
špasár, -*á*-, spazzare. — 8, 107.
špatár, -*ǫ́*-, aspettare. — 27, 172.
špęrgul m., -*ui*, alloro (ilex aquifolium). — Tir. perga (pertica).
špęχ m., -*χ*, specchio. — 27, 118.
špíya f. spica. — 33, 163.
špigǫ́ta f. cordone (di cotone). — v. *špak*.
špína f. spina. — 33, 144.
špinúŗ m., -*ŗ*, cardo. — v. s.

špirár, -*é*-, sperare. — 18, 123.
špirél m., -*éi*, cornice. — 76, 132.
špĺma f. schiuma. 59, 228.
špĺmár, -*ę́*-, schiumare. — v. s.
špǫrér-ši, IV b, spaventarsi. — v. *pǫ́ra*.
špork, -*ka*, -*k*, -*ki*, sudicio. — 64, 181.
špǫ́ra f. rocchettinv per stringere la carica colla fune. — 52, 111.
špǫķ, -*ša*, -*š*, -*ši*, spesso. — 42, 136.
špręš m. latte coagulato mediante il caglio. — 27, 223.
šprę́ša f. cacio magro. — v. s.
šprisár, -*ę́*-, sprezzare. — 27, 107.
špúndyar, -*u*-, pungere. — 64, 152.
šputiúš, -*ša*, -*š*, -*ši*, delicato nel mangiare.
špvdár, -*ǘ*-, sputare. — 89, 196.
špúša f. puzzo. — 63, 107.
štaiáda f. siepe fatta con pali. — 69, 97.
štála f. stalla. — 8, 111.
štaléra f. rastrelliera (per i cavalli). — 9, 223.
štamána f. settimana. — 81, 224.
štany m. stagno (metallo). — 8, 192.
štany, -*ya*, -*y*, -*yi*, forte. — 8, 192.
štanyár, -*á*-, stagnare. — v. s.
štáŋga f. stanga. — 8, 152.
štar vb. irr. stare; star di casa. — 1, 142.
štarłḱk, -*ka*, -*k*, -*ki*, scemo. —

v. *štralḗk;* Tir. sterlöc, tarlàc; Alt. tarlucco; Gart. tarlék (Klecka); Car. tarlech (Anzüglichkeit); Biond. 2. tarlùc; Galv. terlòch (baratto); Dz. I. locco.
štásia f. stanza. — 8, 107.
štḗla f. stella. — 27, 111.
štḗla f. scaglia (lavorando coll' ascia). — 27, 223.
štęr m., *-r,* stajo. — 9, 223.
štimár, -i-, stimare; apprezzare. — 33, 223.
štína f. scheggia.
štiŋkiár, štíŋkia, stecchire, far restare morto sul colpo. — Schn. I. stenc.
štíŋkiu, -ia, -ii, -ii, stecchito. — v. s.
štisiŋ m., *-ŋ,* tizzo. — 46, 107.
štivál = štvál.
štǫria f. storia. — 99, 223.
štǫrt, -ta, -tχ, -ti, curvo, storto. — 54, 193.
štęš, -ša, -š, -ši, stesso. — 42, 223.
štradúŋ m., *-ŋ,* stradone. — 46, 196.
štragúza f. grondaja (le gocciole).
štraguzár, -ú-, lasciare grondare *(l tęt štragúza).*
štrak, -ka, -k, -ki, stanco. — Dz. II a. straccare.
štralḗk m., *-k,* sproposito. — v. *štarlúk.*
štralǫ́χu, -χa, -χi, -χi, guercio. — Schn. I. straloccio.

štranudár, -ú-, starnutare. — 59, 234.
štraŋgušár, -ú-, sentirsi quasi morir di voglia. — Dz. II a. gozzo.
štrašinár, -i-, strascinare. — Dz. II a. trassinare.
štravanidr, štravánia, vaneggiare. — 102, 223.
štra[v]vdar, -v̌-, travasare. — 52, 127.
štraží, -ida, -i, -idi, troppo cotto; troppo asciutto. — Azz. strasí; Tir. strasìt; Biond. 1. strasì.
štraχár, -á-, stracciare. — Dz. II a. trassinare.
štrikár, -i-, stringere, premere. — Dz. I. stringa.
štrinadína f. pane abbrustolito indi immerso in vino ed olio. — Schn. I. strinar.
štrinár-ši, -i-, abbrustolirsi. — v. s.
štrindÿar, -i- (3. sg. *štriχ),* stringere. — 41, 188.
štríža f. linea. — Dz. II a. striscia.
štrǫp m., *-p,* turacciolo. — Muss. stropar.
štrœf m., *-f,* bujo. — Muss. struovo.
štrę́pula f. fieno. — Muss. strepar (Note).
štręt, -ta, -χ, -ti, stretto. — 42, 172.
štrusagár, štrúsaga, strascinare. — Azz. strozzegom (strasci-

coni); Tir. strossà; Alt. stroz; Gart. štrots; Lomb. strüziar.

štruš m., *-š*, torsolo, gambo (spec. dei cavoli). — 64, 234.

štružár, -í́-, nettare con un cencio. — v. *štréža*.

štrifái m., *-i*, uomo piccolo e deforme. — Boe. strùfigno.

štrmént m., *-éχ*, strumento. — 27, 223.

štréža f. cencio. — Tir. strügi (lustrastivali); Boe. struso (catarzo); Biond. 2. strusà (strofinare).

štu, šta, šti, šti, questo (attaccato ad un sostantivo). — 85, 223.

štúmak m., *-k*, petto; *ša 'm vúfta l štúmak* mi nauseo. — 51, 167.

štušáda f. scossa, urto forte. — v. *štušár*.

štušár, -ǫ́-, urtare fortemente. — Biond. 1. stosà; Gart. tušè; Car. u. e. stauschar; Conr. stuschar; Biond. 2. stussár; Galv. stussèr.

štŕa f. stanza scaldabile. — 59, 215.

štvál m., *-ái*, stivale. — 82, 223.

štŕf, -fa, -f, -fi, stufo. — it. stufo; Muss. stofegar.

štvpáia f. siepe. — 89, 97.

štvpár, '-í́-, turare; *št. fǫ* circondare con una siepe o un muro. — 64, 209.

štrpinár, -í-, turare (buche o fessure). — v. s.

štvpír m., *-ņ*, lucignolo. — v. s.

štχapár, -á-, fendere. — it. schiappare.

štχáula f. rete da pescare.

štχçt, -ta, -χ, -ti, puro, schietto. — 117, 172.

štχǫp m., *-p*, fucile. — 54, 117.

štχuŋkár, -ú-, troncare. — Boe. chionco (cionco); Biond. 2. sčiunclén (ceppatello); Dz. II a. cioncare.

štχupatáida f. tiro, trar na š. tirare. — v. *štχǫp*.

šúga f. fune, canapo. — Dz. I. soga.

šukǫ́t m., *-ǫ́χ*, gonna; sotto veste. — Dz. I. giaco.

šul, -la, -i, -li, solo. — 46, 111.

šul m. sole. — 46, 111.

šuldá m., *-dę́*, soldato. — 85, 111.

šulę́r m., *-r*, solaio di legno. — 9, 85.

šulfanél m., *-éi*, fulminante. — 27, 85.

šúlfar m. solfo. — 64, 89.

šulíf, -va, -f, -vi, esposto al sole. — 33, 85.

šulk m., *-k*, solco. — 64, 111.

šumanár, -ǫ́-, seminare. — 40, 77.

šumeiár, -ę́ia, rassomigliare. — 80, 82.

šumísa f. semenza. — 77, 107.

šunár, -ǫ́-, sonare. — 50, 144.

šunár, -ú-, sembrare. — 51, 144.

šúndya f. sugna, untume delle ruote. — 174, 223.

šuplár, -ú-, soffiare. — 64, 116.

šurę́la f. sorella. — 27, 85.

šurtíva f. fonte, sorgente. — 4, 91.

šúta avv. e prp. sotto. — 64, 217.
šutuškrívar, -i- (p. -škrít), sottoscrivere. — v. škrívar.
šúvar m. sughero. — 59, 215.
šv avv. e prp. su; va 'nšv va insù; štar šv vegliare; šv si combina con int: šv 'nt ın tœt. — 59, 126.
švbla f. lesina. — 59, 115.
švdár, -i̊-, sudare. — 59, 202.
švdór m. sudore. — v. s.
švgamáŋ m., -ŋ, sciugatojo. — 89, 181.
švgár, -i̊-, asciugare. — v. s.
švt, -ta, -χ, -ti, asciutto. — 63, 172.
šv́žiu m. untume che le pecore hanno fra la lana. — 79, 85.
tablá m., -lf́, fenile. — 92, 115.
tágula = táula. — 91, 129.
taiár, táia (2. sg. tái), tagliare. — 8, 97.
taiér m., -r, tagliere, piatto (per la polenta). — 9, 97.
taiéra f. tagliere (per la farina). — v. s.
takár, -á-, attaccare (i cavalli). — Dz. I. tacco.
talár m., -r, telajo. — 9, 75.
talarína f. ragnatela. — 33, 75.
taliáŋ, -na, -ŋ, -ni, italiano. — 97, 223.
tambikár, -i-, contendere a parole. — Boc. tambuchiar (tambussare); Dz. II c. tabust.
tamíš m., -š, staccio (per nettare cafè, tabacco). — Dz. I. tamigio.
tamižár, -i-, stacciare. — v. s.

tamúŋ m., -ŋ, timone. — 46, 75.
tána f. tana. — Dz. II a. tana.
tandía f. tanaglia. — 75, 118.
tanár-ši, -á-, rapprendersi (del sangue): raffreddarsi, solidifarsi (piombo). — 192, 223.
tandǫ́kla f. tempiale, strumento per distendere il tessuto sul telajo. — 75, 120.
tant, -ta, táχ, tánti, 1) tanto, 2) molto. — 8, 151.
táŋgar m., -r, uomo rozzo. — Dz. II c. tangon.
tárdi avv. tardi. — 8, 79.
tardíf, -va, -f, -vi, tardivo. — 33, 69.
taš m., -š, tasso. — 8, 174.
tašádru m., -ri, tessitore. — 174, 239.
tašk m., -k, tasca per gli scolari. — Dz. I. tasca.
táška f. tasca — v. s.
taštár, -á-, assaggiare. — 83, 174.
tašunár, -i-, far tašúŋ. — 75, 136.
tašúŋ m., -ŋ, catasta di borre. — 75, 136.
táula f. tavola. — v. tágula.
taulíŋ m., -ŋ, tavoletta da scrivere. — v. s.
taváŋ m., -ŋ, tafano. — 69, 215.
tavél m., -éi, gran tagliere (per la polenta). — 27, 215.
tážar, -a-, tacere. — 1, 170.
temp m. tempo. — 27, 209.
téndar, -i-, guardare, custodire (p. e. a li fídi); tendere insidie. — 27, 150.
téndru, -ra, -ri, -ri, tenero. — 22, 147.

tépit, -da, -χ, -di, tiepido (= *tíviu*). — v. *tíviu.*
téra f. terra. — 27, 123.
térsaćl m. terzo fieno (guaime) — 74, 107.
téšar, -a- (p. *tišé*), tessere. — 27, 174.
téšara f. tessera, taglia. — 27, 136.
tíla f. tela; panna (fior di latte). — 18, 111.
tilár, -i-, spannare (latte). — v. s.
tintór m., -r, tintore. — 46, 79.
tinyér, -é-, II, tenere. — 76, 102.
tinyís, -sa, -s, -si, persona o cosa che ha molta adesione. — v. s.
tirár, -i-, tirare (un carro); tendere (una corda); *t. al fla = fladír.* — 33, 123.
tiríŋ m., -ŋ, terreno, suolo. — 18, 76.
tiš, -ža, -š, -ži, pasciuto. — 32, 148.
tíviu, -ia, -ii, -ii, tiepido. — 22, 85.
tíža f. pasciuta. — v. *tiš.*
tǫk m., -k, pezzo. — Dz. I. tocco.
tǫluló m. confusione.
tǫr m., -r, toro. — 68, 123.
tórbul, -la, -i, -li, torbido, fosco. — 64, 214.
tǫrt m. torto. — 54, 193.
tóšnk m., -k, veleno (vegetabile). 81, 174.
téia f. tiglio. — 42, 97.
tǫ́mar m., -r, = *tǫ́mal* m., -ai, sorbo (sorbus aucuparia).
tœr vb. irr. togliere, pigliare. — 55, 193.
tǫt m., *tœχ,* tetto. — 27, 172.

tǫ́ta f. tettola; mammella. — 42, 193.
trabaškár, -á-, lavoracchiare di mestieri casalinghi. — Melch. e Tir. trabascà; Boe. trabaschr.
trabukél m., -éi, luogo erto; congegno pericoloso. — Dz. I. buco.
traf m., -f, trave. — 1, 216.
trágula f. erpice. — 1, 95.
tragulár, trágula, erpicare. — 1, 95.
trar vb. irr. gettare, buttare. — 1, 193.
travérš avv. e prp. attraverso. — 27, 136.
trifói m. trifoglio. — 79, 97.
tríga f. tregua. — 40, 130.
trigár, -i-, smettere, riposarsi; far tregua, aspettare. — v. s.
trišt, -ta, -tχ, -ti, cattivo. — 41, 142.
tríža f. bastone per far polenta. — Schn. I. trisar.
trižár, -i-, mescolar colla *tríža.* — v. s.
truŋ m., -ŋ, valore antiquato (¹/₅₀ *maraŋgíŋ*). — Boe. tron (lira).
truvilíŋ m., -ŋ, trivello. — 77, 221.
tudia f. tovaglia. — 97, 130.
tudǫ́šk, -ka, -k, -ki, tedesco. — 42, 138.
tukár, -ú-, toccare. — 58, 193.
tunár, -ú-, tonare. — 51, 144.
tunfulár, túnfula, percuotere. — Tir. tonfa; Boe. tonfàr.
tunt m., *túχ,* tondo, piatto. — 64, 223.

tunt, túnda, tūχ, túndi, rotondo. — 64, 223.
tuη m., *-ŗ,* tuono. — 51, 144.
tupína f. talpa. — 70, 209.
turlár, -ó-, girare; gabbare. — 58, 144.
turlér, IV b, torniare. — v. s.
turlidór m., *-r,* tornitore. — v. s.
turnár, -ó-, ritornare. — 58, 144.
tuš f. tosse. — 64, 136.
tušér, IV b, tossire. — v. s.
tužár, -ú-, tondere. — 85, 148.
tvár, -ú-, rinserrare (il vapore od un liquido). — 59, 197.
tvdurér, IV b, governare, custodire. — 89, 196.
tviη m. odor di muffa. — 89, 132.
tvmór m., *-r,* tumore. — 46, 89.
tvt, -ta, -χ, -ti, tutto; *tvỹ dv* tutti e due. — 59, 193.
tχablína f. sorta di corvo (piccolo con becco giallo; gracco?).
tχaf f., *-f,* chiave. — 117, 131.
tχamár, -á-, chiamare. — 1, 117.
tχapár, -á-, acchiappare. — Fle. II. 5 acchiappare.
tχar, -ra, -r, -ri, chiaro, lucido; non fisso, raro. — 1, 117.
tχarkár, -é-, cercare. — 42, 169.
tχašár, -é-, tχ. indré retrocedere. 27, 136.
tχat m., *-aχ,* scapolo.
tχáta f. zampa. — Tir., Biond. 1. e Boe. zata; Alt. ciatta; Gart. tšáta.
tχáula f. piccolo ramicello secco.
tχep, -pa, -p, -pi, magro, malaticcio. — Tir. cipèt (garzoncello).
tχel m. cielo. — 22, 169.

tχéra f. cera. — 18, 123.
tχéra f. ciera. — v. s.
tχęrf, -va, -f, -vi, cervo, cerva. — 27, 131.
tχérklu m., *-li,* cerchio. — 42, 120.
tχeš m., *-š,* pisello. — 40, 170.
tχéža f. chiesa. — 27, 117.
tχi avv. così.
tχigár, -í-, gridare. — Muss. zigare.
tχímaš m., *-š,* cimice. — 33, 170.
tχimušér, IV b, piagnucolare. — Melch. simosà.
tχína f. cena. — 18, 144.
tχinár, -í-, cenare. — v. s.
tχínta f. coreggia. — 152, 169.
tχiréža f. ciriegia; ciriegio. — 27, 101.
tχiriałla f., *[di] da la t.* candelaja. — 76, 97.
tχirižǫ́l m., *-ǫ́i,* piccolo ciriegio. — v. *tχiréžn.*
tχirklár, -é-, cerchiare. — v. *tχérklu.*
tχirnér, -é-, II, scegliere. — 27, 169.
tχirvél m., *-éi,* cervello. — 76, 215.
tχištúη m., *-η,* cesta (per caricare il mulo). — v. *tχęšta.*
tχivéra f. barella. — Dz. II c. civière.
tχižulár, tχižula, abbruciare leggiermente la superficie. — Azz. cisolar.
tχǫ m., *tχǫ,* chiodo. — 4, 117.
tχvη m., *-η,* becco, capro. — Biond. 1. cion (porco).
tχǫ́ndru f. cenere. — 42, 147.

tχǫ́šta f. cesta (per la biancheria). — 42, 142.
tχukár, -ǫ́-, battere, colpire. — germ.
tχuŋkúŋ m., *-ŋ*, sterpo. — v. *štχuŋkár*.
tχvžę́ra f. serratura. — 89, 117.
u cong. o. — 93, 197.
ubidę́r, IV b, ubbidire. — 202, 215.
udór m., *-r*, odore. — 85, 202.
údru nella frase *tor dÿv la pel a údru* scorticare un animale lasciando intatta intiera la pelle. — 61, 200.
uftár v. *vuftár*.
ugár, -ú-, nuotare. — 181, 223.
úla f. (grande) pignatta. — 58, 111.
úlva f. lolla, pula. — Melch., Tir. e Biond. 1. olva.
úmbri m. pl. nella locuzione: *štrikár i u.* fare spalluccie (per dire: me ne fo beffe). — 64, 155.
umbría f. ombra. — 91, 127.
úndÿa f. unghia. — 64, 122.
úndÿar, -u-, ungere. — 64, 188.
unę́št, -ta, -tχ, -ti, onesto. — 27,95.
untár, -ú-, ungere. — 64, 152.
únu m., *úni*, ontano. — Dz. II a. ontano.
urasiúŋ f., *-ŋ*, orazione, *far u.* orare. — 46, 107.
urbár, -ǫ́-, acciecare. — v. *ǫ́rbu*.
uręl m., *-ęi*, imbuto. — v. *lóra*.
urtíga f. ortica. — 91, 163.
uśpadál m., *-ái*, spedale. — 81, 196.

uštaría f. osteria. — 36, 226.
utúbar m., *-r*, ottobre. — 64, 215.
utúŋ m. ottone. — 70, 223.
užár, -ú-, gridar forte. — 127, 170.
užęl, -ęi, uccello. — 127, 170.
uχáda f. occhiata. — 85, 118.
[v]agladóra f. piagnona (uso nei funerali quasi antiquato). — 81, 121.
[v]aglár, -ǫ́-, far da piagnona. 42, 121.
vágu m., *-gi*, bacio. — 85, 223.
váka f. vacca. — 8, 162.
vakę́r m., *-r*, vaccajo. — v. s.
val m., *vái*, vaglio (cesta che si squassa con dentro il grano da nettare). — 1, 144.
val f., *-l*, valle. — 8, 111.
valáda f. vallata, gran valle. — v. s.
valāsána f. coltre grossa di lana. — Melch. valensana.
valér, -ǫ́-, II, valere. — 1, 111.
valíš f., *-š*, valigia (per porsi indosso). — Dz. I. valigia.
valór m., *-r*, valore. — 46, 69.
vandÿę́lu m., *-li*, vangelo. — 27, 97.
vardáda f. sguardo. — 69, 130.
vardadę́ra f. guardatura. — v. s.
vardár, -á-, guardare. — v. s.
[v]ardvnár = *ardvnár*.
vargút[a] pron. ind. qualcosa. — 111, 229.
vargę́ny (invar.) alcuni. — 111, 229.
[v]āsúr, -á-, avanzare. — 107, 223.

vāsarýt m., *-ýχ*, avanzo. — v. s.
vaš m., *-š*, vaso. — 1, 136.
váška f. vasca. — Dz. II a. vasca.
vaýár, -ę́-, vegliare. — 42, 122.
vážak, -ga, -k, -gi, senza frutto. — Biond. 2. vasìa (f.).
védru m., *-ri*, vetro da finestra. — 40, 200.
véduf, -va, -f, -vi, vedovo, vedova. — 40, 131.
vent m., *vẽχ*, vento. — 27, 151.
véra agg. invar. vero. — 18, 123.
[v]érdÿar, -a-, capovolgere con forza. — 27, 229.
vęrm m., *-m*, verme. — 27, 153.
vert, -da, -tχ, -di, verde. — 40, 202.
vę́rzar = *dravę́rzar* = *dręvar*, v. l'ultima.
véskuf m., *-f*, vescovo. — 42, 211.
vęχ, -χa, -χ, -χi, vecchio. — 27, 118.
vęχ[i]ntiná, -áda, -ę́, -ádi, vecchione. — 71, 76.
vía f. via; strada. — 26, 127.
viasóla f. via fra campo e campo. — 52, 79.
viáχ m., *-χ*, vaggio. — 79, 168.
[v]ída f. ajuto. — 59, 96.
[v]idár, -i-, ajutare. — v. s.
vidél m., *-ei*, vitello. — 79, 196.
vidę́lu f. vitella. — v. s.
vif, -va, -f, -vi, vivo. — 33, 131.
vília f. vigilia. — 42, 97.
viló m. velluto. — 59, 79. .
[v]ína f. vena. — 18, 127.

vintχar, -i-, vincere. — 41, 170.
vintχél m., *-ei*, fascio di ramaglia colle foglie (per le capre). —. 27, 117.
vinyér vb. irr. venire. — 76, 102.
vinyćda f. prosperamento, *l e di v.* cresce molto. — v. s.
viŋ m. vino. — 33, 144.
viríŋ m., *-ŋ*, veleno (di animali). — 18, 221.
viš m., *-š*, fronte. — 33, 136.
višta f. guancia. — 41, 142.
vištér, IV b, vestire. — 76, 142.
vištiménta f. abito. — v. s.
viulíŋ m., *-ŋ*, violino. — 33, 197.
vívar, -i-, vivere. — 33, 127.
vivę́r m., *-r*, vivajo. — 9, 79.
víÿar, -i- (3. sg. *viχ*, p. *višt*), vedere. — 42, 105.
[v]ižę́rgula f. lucertola. — 223, 229.
vižíŋ, -na, -ŋ, -ni, vicino. — 33, 170.
viχíga f. vescica. — 33, 136.
vóia f. voglia. — 55, 97.
vǫnardí m., *-i*, venerdì. — 22, 36.
vę́ndar, -a- (p. *vindú*), vendere. — 27, 150.
vœt, -da, -χ, -di, vuoto. — 52, 197.
vúfta f. volta, calotta; *kámara a. v. but* camera a volta. — 58, 111.
[v]uftár, -ú-, volgere, voltare. — v. s.
vulér vb. irr. volere; *vulér-gi beny* amare. — 85, 111.
vulintéra avv. volentieri, *mal v.* malvolentieri. — 9, 89.

vudár, -á-, vuotare. — 85, 196.
[v]užár, -ó-, usare, avvezzare.
— 136, 229.
zága f. panacea Heracleum sphondylium.
zdiga f. seccatura, persona seccante. — Azz. zaiga; Schn. I. zegar.
zaigár, záiga, contendere. — v. s.
záldu, -da, -ty, -di, giallo; *záldu* m. grano turco. — Dz. I. giallo.
zatár, -ǫ́-, temperare (la penna od il lapis).
zavái m., *-i,* contratto mal ponderato. — Schn. I. zavai.
závar m., *-r,* becco castrato. — Dz. I. zeba.
zavariár, zaváría, vaneggiare. — Schn. I. zavariar.
zúbia f. giovedì. — 54, 100.
zǫ́i m., *-i,* giglio. — 42, 221.
zǫ́ka f. zecca, ricino. — 27, 107.
zœl, -la, -i, -li, capretto, capretta. — Schn. II. auzól.
žbaliár, žbália, sbagliare. — Dz. II a. bagliore.
žbę́rla f. schiaffo. — Schn. I. sberla.
žbę́šul, -la, -i, -li, senza denti.
žbiǫ́k, -ya, -k, -gi, sbieco. — Dz. II a. sbieco.
žbigés avv., = *di žbigés,* obbliquamente. — v. s.
žbilsár, -i-, spruzzare. — Melch. sbilsà. — Dz. II a. sprazzare.
žbǫ́vdýa f. pettino della camicia; quantità (di qualunque roba) che il pettino può contenere. — Dz. I. bava.

žbrek m., *-k,* laceratura. — Muss. brega.
žbrigár, -é-, stracciare, lacerare. — v. s.
žbrišagár, žbrišagu, sdrucciolare. — Muss. slisegar.
žbrufár, -ó-, aspergere, sbruffare. — Melch., Tir. sbrofh; Boe. sbrufàr.
žbufšinár, -i-, tossire leggermente. — 101, 209.
žbuiantél m. piccolo bucato, liscia da poco. — 75, 97.
ždarnár, -é-, fiaccare; *ždarná* malconcio per troppe fatiche. — Gart. dernè; Rom. Stud. II. 123 sdernaus giu; Biond. 2. adernì; Galv. aderner.
ždíša f. = *žlíša.*
ždǫ́gla f. striglia. — 121, 142.
ždǫ́glár, -ǫ́-, strigliare. — v. s.
ždríšula f. ritaglio (di tela o stoffa).
ždýunf, -fa, -f, -fi, gonfio. — 117, 234.
ždýunfár, -ú-, gonfiare. — v. s.
žgalá, -áda, -ǫ́, -ádi, colle gambe o capezzoli aperti. — v. *žgę́rlu.*
žgálbara f. scarpa da uomo colla suola di legno. — Schn. I. sgalmera.
žgalibrár, -i-, smuovere.
žganyár, -á-, masticare. — Melch., Tir. e Biond. 1. sgagnà; Alt. ciaognè; Gart. tχounyá.
žgarár, -á-, cacciar via. — v. *žgę́rlu.*

žgargaiár, žgargáia, gargarizzare. — Dz. I. gargatta.
žgaɣxár, -é-, tagliar le foglie alle rape. — v. *gaéx.*
žgę́rlu, -la, -li, -li, zoppo. — Schn. I. gallom, sgalar, sgherla.
žgisumbár, -ú-, girondare.
žglę́za f. scheggia. — Muss. fianzisar (Note 5).
žgrífu f. unghione. — germ.
žguarlatár, -á-, scuotere nell' acqua. — Tir. sgorlà (scolare); Gart. žlavatè.
žgulár, -ę́-, volare. — 50, 129.
žgulár, -ú-, sciorinare; *žgulár-śi* colare, gemere, asciugarsi. — 46, 166.
žgunyár, -ę́-, beffare. — Melch., Tir. e Biond. 1. sgognà; Dz. I. ghignare.
žgɪrár, -ę́-, ž. fǫ nettare, lavare. 89, 166.
žlambrǫ́t, -ta, -x, -ti, malfatto, meschino. — Schn. I. slambrot.
žlambrǫ́xa f. cosa di poco consistenza e durata (p. e. una stoffa). — v. s.
žlambrutár, -ę́-, lavoracchiare. — v. s.
žlargár, -á-, allargare. — 8, 181.
žlavarí, -ída, -ii, -idi, scipito, insulso. — Azz. slavarì.
žlípia, -ia, -ii, -ii, delicato, ghiotto.
žlísa f. scintilla. — Muss. fianzisar (Note 9).
žlišár, -í-, lisciare, levigare. — Muss. slisegar.
žluŋgár, -ú-, allungare. — 58, 181.

žlúšar m., *-r,* chiavajuolo. — germ.
žlɛmár, -é-, osservare, adocchiare. — Azz. calumar; Melch. e Tir. slömà.
žmantagár-śi, žméntaga, dimenticarsi. — 27, 163.
žmantigúŋ m., *-ŋ,* dimenticone. — 46, 79.
žmanyár, -á-, logorare. — v. *manyár.*
žmarér-śi, IV b, perdersi d'animo o di coraggio. — 69, 123.
žmāsarina f. granata, scopa. — Azz. smanzarina; Melch. mansarina, smansaröl; Tir. mansaröl; Biond. 1. mansarina; 2. mansarcina; 1. e 2. mansa (pannocchia d. grano turco).
žmilsa f. milza. — 107, 111.
žmirár, -í-, mirare, prendere la mira. — 33, 223.
žmuiár, žmǫ́iu, rammollire. — 55, 97.
žmuližinár, -í-, render molle. — 85, 111.
žmursár, -ó-, spegnere. — 54, 107.
žmursarǫ́l m., *-ǫ́i,* ajutante del casaro. — germ.
žmusaróla f. zangola. — germ.
žmusirǫ́l m., *-ǫ́i,* piccola zangola. — germ.
žmuxinyár, -í-, insudiciare con moccio. — v. *muxíny.*
žnarvís, -sa, -s, -si, nerboruto, forte. — 75, 127.
žnažár, -í-, annusare; odorare. — 1, 136.

žnisár, -í-, v. nisár.
žnǫl m., -ǫ́i, saliscendi. — germ.
žvaršár, -ǫ́-, spergere, spandere; straripare. — 27, 136.
žvásigu f. moneta (spicciola) di venti carantani austriaci. — germ.
žvę́rnia f. continuazione d' una cosa nojosa. — Schn. I. svernia.
ímůt, -du, -χ, -di, umido. — 59, 193.

υrtár, -ǫ́-, urtare; indovinare. — Dz. I. urtare.
ιsár,-ǫ́-, aizzare. — Dz. II a.izza.
ιš̌ m., ιš̌, uscio. — 55, 140.
ítil, -la, -i, -li, utile. — 79, 193.
úva f. uva. — 59, 127.
ιžár, -ǫ́-, usare, avvezzare. — v. vιžár.
ίχa f. ago; ίχa da púmul spillo. v. gίχa.
ιχár, -ǫ́-, lavorare a maglia (= gιχár). — v. s.

Berichtigung.

S. 831, Z. 2 von unten lies vίyar statt vúyar.